LES PLUS BEAUX CON

GRIMM, ANDERSEN ET PERRAULT

LES PLUS BEAUX CONTES

de
Grimm, Andersen et Perrault

Chantecler

Table des matières

Blanche-Neige

Nous partons pour un pays lointain. Dans ce pays lointain vivait une reine. Un jour, elle était assise à l'une des fenêtres de son palais. Elle était occupée à broder.

Dehors, la neige tombait en abondance, et elle recouvrait tout le pays d'une couverture blanche et brillante.

Soudain, un petit flocon égaré entra par la fenêtre. Il se déposa comme un morceau de fine dentelle sur le bois d'ébène de l'appui de fenêtre. Au même instant, la reine se piqua le doigt avec son aiguille. Une goutte de sang tomba sur le petit flocon de neige et dessina une image merveilleuse: le rouge du sang, sur le blanc du flocon de neige, sur le bois noir de l'appui de fenêtre. La reine trouva cette image tellement belle qu'elle en oublia complètement son doigt. Elle se mit à penser qu'il serait vraiment très agréable d'avoir une petite fille avec une peau aussi blanche que les flocons de neige, des joues aussi rouges que la goutte de sang, et les cheveux aussi noirs que le bois d'ébène.

Son souhait se réalisa. Peu de temps après, elle eut une petite fille qui ressemblait à sa vision. La reine l'appela Blanche-Neige.

Mais sais-tu ce qui ce qui arriva de terrible? La gentille reine mourut, et le roi épousa une autre femme. Cette nouvelle reine avait un beau visage, mais son cœur n'était pas beau du tout. Elle était très fière et très orgueilleuse. Elle se regardait très souvent dans le miroir. Pas un miroir ordinaire. Non, non! C'était un vrai miroir magique. Ce miroir magique ne plaisantait jamais. Il disait toujours la vérité. C'est ce que font également les miroirs ordinaires, mais ils ne sont jamais aussi honnêtes que les miroirs magiques. Lorsque la princesse Blanche-Neige était encore un bébé, la reine passait des heures devant son miroir. Elle s'admirait beaucoup. Souvent elle murmurait:

«Miroir, mon gentil miroir,
qui est la plus belle ici?»

Et le miroir répondait très poliment:
«Celle qui me regarde est la plus belle.
Aucune autre ne l'égale en beauté!»
Et la reine souriait de contentement.
Elle ne se lassait pas d'entendre dire
qu'elle était la plus belle femme du
royaume. Car elle l'était... jusqu'à ce
que Blanche-Neige commence à grandir. Lorsque la princesse eut dix-huit
ans, ses cheveux étaient noirs comme
l'ébène, ses joues rouges comme le sang
et sa peau blanche comme la neige. Elle était bien plus jolie que sa deuxième
mère. Tout le monde était d'accord sur

ce point, sauf la reine. Un jour, celle-ci
prit son miroir magique et lui demanda
comme d'habitude:
«Miroir, mon gentil miroir,
qui est la plus belle ici?»
Mais cette fois, le miroir ne lui donna
pas la réponse qu'elle attendait. Il répondit:
«Bien que tu sois très belle, cependant
je te le dis: maintenant Blanche-Neige
est encore plus belle!»
Quand elle entendit cela, la reine, très
jalouse, se mit en colère comme jamais
elle ne l'avait fait auparavant. Elle ima-

gina quelque chose de très laid: Blanche-Neige devait mourir. Elle fit venir un des chasseurs du roi et lui donna une grande bourse remplie de pièces d'or.

«Emmène Blanche-Neige dans le bois, et arrange-toi pour qu'elle n'en sorte pas vivante», dit la reine.

Au début, le chasseur ne voulait pas suivre cet ordre terrible, mais quand la reine le regarda de manière très sévère, il n'osa plus lui dire non.

«Chasseur, avec cet argent tu vas pouvoir nourrir et habiller tes enfants pendant cinq ans. Va dans le bois et obéis à mes ordres!»

Le chasseur hésita encore un peu mais la méchante reine finit par le convaincre.

«N'oublie pas que tu dois me prouver que tu m'as obéi!», furent les derniers mots de la reine.

Le lendemain, le chasseur entraîna Blanche-Neige avec lui dans le bois. Ah, comme elle était gentille avec le chasseur!

«Que dois-je faire, que dois-je faire?» se répétait le chasseur. «Je ne peux quand même pas tuer une si gentille jeune fille?» Et pourtant la reine jalouse lui en avait donné l'ordre.

«La reine m'a ordonné de te tuer, ici,

Blanche-Neige s'enfuit très vite. Le chasseur la regarda partir jusqu'à ce qu'elle ait disparu de sa vue. Puis il rentra.

«Mais comment faire pour prouver à la reine que j'ai rempli ma mission?» se demandait-il.

À ce moment précis, un daim sortit des fourrés et se précipita sur lui. Le chasseur tira vite son couteau pour éviter l'attaque. Après une lutte sauvage, il réussit à tuer l'animal. Il commença à le couper en morceaux pour pouvoir le ramener chez lui. Mais entre-temps, il eut une meilleure idée. Il irait montrer le cœur du daim à la reine. Elle croirait certainement que c'était le cœur de Blanche-Neige. Et la reine serait certaine que Blanche-Neige n'était plus en vie!

Tout se passa comme le chasseur l'avait imaginé, et la reine était très contente.

Mais Blanche-Neige était encore en vie!

Lorsqu'elle arriva à la lisière du bois, elle aperçut une petite maison. Sa longue marche l'avait tellement fatiguée qu'elle se précipita à l'intérieur sans frapper.

Il n'y avait personne. Elle vit tout de suite que les meubles, tout comme la maison, avaient été construits pour des êtres tout petits. Il y avait une table basse, sur laquelle étaient disposés soigneusement sept petits couteaux, sept petites fourchettes et sept petits bols.

dans le bois», dit le chasseur. «Mais je ne peux pas te faire de mal, chère princesse. Enfuis-toi, aussi loin que tu pourras, et ne reviens jamais au palais. Si la reine apprend que je t'ai épargnée, elle voudra me tuer moi aussi.»

Le long du mur, il y avait sept petits lits, alignés.

«Qu'est-ce que j'ai faim! Personne ne remarquera rien si je prends un petit morceau dans chaque assiette!»

Blanche-Neige n'hésita pas plus longtemps, et commença à manger. Quand elle n'eut plus faim, elle se coucha dans le plus petit des sept lits. Elle était tellement fatiguée qu'elle s'endormit tout de suite.

Le soir, alors que Blanche-Neige dormait profondément, sept petits nains rentrèrent dans la maison. Car c'était bien leur maison. Ils venaient de la montagne; ils y avaient travaillé toute la journée à extraire des pierres pré-cieuses. Lorsque les nains eurent suspendu leurs sept petites lanternes, ils remarquèrent immédiatement que quelque chose s'était passé dans leur maison.

Le premier nain demanda: «Qui s'est assis sur ma chaise?»

Et le deuxième dit: «Qui a mangé dans mon assiette?»

Le troisième: «Qui a mordu dans ma tartine?»

Le quatrième: «Qui a utilisé ma fourchette?»

Le cinquième: «Qui a coupé avec mon couteau?»

Et le sixième: «Qui a bu dans mon bol?»

Mais le septième et le plus petit de tous dit: «Qui s'est mis dans mon lit… et y est encore?!»

Les sept nains se bousculèrent autour de Blanche-Neige. Ils étaient tellement excités qu'ils se mirent à danser.

«Quelle jolie fille!» firent-ils plein d'admiration.

Ils regardèrent l'ombre que projetait la lumière de leurs lanternes sur le visage de la princesse.

«Laissons-la dormir!» dirent-ils d'une seule voix.

Le plus petit nain, à qui appartenait le lit dans lequel Blanche-Neige dormait, fit énergiquement oui de la tête.

«Pour sûr, c'est dans mon lit qu'elle doit rester dormir!» fit-il, tout fier. «Moi, je dormirai dans le vôtre. Et ne rouspétez pas, je suis si petit que vous ne remarquerez rien!»

Blanche-Neige fut tout étonnée lorsqu'elle se réveilla le lendemain matin. Elle vit les nains endormis dans leurs lits. Ils avaient tous un bonnet rouge. Les nains ronflaient si fort que la maisonnette en tremblait. Le plus petit des nains, qui était tombé du lit de chacun de ses frères, dormait par terre à ses pieds. Blanche-Neige aurait pu avoir peur, mais ils avaient l'air si comiques, en train de dormir: tous alignés sur une

rangée, leur gros nez en l'air, leur barbichette dépassant des draps de lit. Blanche-Neige n'avait absolument pas peur. Elle se mit à rire si fort que tous les nains se réveillèrent en sursaut et la regardèrent. Le septième sauta debout et s'écria tout content:

«Hourra! Hourra! La gentille jeune fille s'est réveillée! Nous allons savoir si elle sait parler!»

«Évidemment que je sais parler», dit la princesse.

Les nains se mirent alors à parler tous ensemble. Ils lui posaient tant de questions à la fois que Blanche-Neige se boucha les oreilles avec ses mains. Le brouhaha s'arrêta, et les nains la regardèrent très solennellement. Alors, le plus âgé compta jusqu'à trois, et ils se mirent à crier tous ensemble: «Comment es-tu arrivée ici, Blanche-Neige?» Et Blanche-Neige raconta toute son histoire. Elle dit aussi qu'elle leur avait pris un morceau de pain, à chacun d'eux. Quand elle eut fini, le premier nain dit, en tirant nerveusement sur son nez:

«Qu'en pensez-vous? Est-ce que Blanche-Neige peut rester? Ici, elle est à l'abri de la méchante reine.»

Les autres nains crièrent tous ensemble: «Bien sûr qu'elle peut rester!» Blanche-Neige applaudit à tout rompre.

«Je vais m'occuper de vos vêtements, je nettoierai votre maison et je vous ferai à manger!» s'écria-t-elle tout heureuse.

Lorsque les nains partirent au travail, Blanche-Neige leur fit au revoir de la main.

Puis elle se mit à travailler toute la journée dans la maisonnette, jusqu'au retour des nains.

Entre-temps, la reine était persuadée que Blanche-Neige était morte et qu'elle était redevenue la plus belle du pays. Elle voulait en être certaine, et le demanda à son miroir magique. Mais ce dernier lui dit la vérité:

«Blanche-Neige est la plus belle de toutes! Et certainement pas vous! Elle habite maintenant chez les sept nains, et elle est bien plus belle que vous!»

La reine se mit à taper des pieds de colère quand elle entendit que Blanche-Neige vivait encore et qu'elle était encore plus belle qu'avant.

«Dis-moi où se trouve la maison des nains», ordonna-t-elle à son miroir, «ou je te brise en mille morceaux!» Et le miroir obéit.

Alors la reine se fit apporter de vieux vêtements tout usés.

Elle se déguisa en vieille femme qui colportait de porte en porte, et elle partit dans le bois. Peu après, elle arriva

près de la maisonnette des nains.

Les sept petits nains étaient partis au travail. Blanche-Neige était seule à la maison. Elle était occupée à leur cuisiner un excellent repas.

«De beaux rubans et de belles perles à vendre!» criait la reine déguisée.

Blanche-Neige accourut aussitôt. Les nains l'avaient bien prévenue de ne pas parler à des étrangers, mais cette vieille femme, avec son sac plein de rubans, de nœuds et d'épingles, ne pouvait pas lui vouloir de mal.

«Les cordons de ta veste sont usés, dit la méchante reine, laisse-moi entrer et je vais te les remplacer.»

Blanche-Neige ne se doutait pas que cette vieille marchande était la méchante reine, et elle ouvrit bien vite la porte.

Mais quand la vieille femme eut fini de remplacer les cordons de la veste de Blanche-Neige, elle les serra soudain si fort que Blanche-Neige ne put plus respirer. Elle tomba évanouie par terre.

«C'en est fini de Blanche-Neige et de sa beauté!» s'écria la reine, et elle retourna au palais.

Lorsque les nains rentrèrent à la maison, ce soir-là, ils furent très effrayés de trouver Blanche-Neige étendue sur le sol, inanimée.

Ils sortirent rapidement de leurs poches un petit couteau pointu, et coupèrent les cordons.

Blanche-Neige retrouva immédiatement son souffle. Ses joues reprirent des couleurs. Bien vite, elle se sentit mieux, et tout rentra dans l'ordre.

Les nains devinèrent que la vieille marchande était en fait la méchante reine, qu'elle s'était simplement déguisée.

«Fais bien attention», dirent-ils à Blanche-Neige, «n'ouvre plus la porte, à personne!»

Quand la reine fut rentrée au palais, elle prit immédiatement son miroir. Elle voulait savoir qui était la plus belle femme du pays. À son grand effroi, le miroir lui fit la même réponse.

«Blanche-Neige est la plus belle de toutes! Et certainement pas toi! Elle habite maintenant chez les sept nains, et elle est bien plus belle que toi!»

La reine entra dans une colère terrible. Elle décida d'en finir une fois pour

toutes, et de mettre un terme à la vie de Blanche-Neige. Elle enfila d'autres vêtements, et attendit qu'il fasse noir. Alors elle se rendit de nouveau à la maison des sept nains. Lorsque la reine frappa à la porte, elle ne reçut d'abord pas de réponse. Alors elle se mit à vanter sa marchandise, à très haute voix.

«Je n'ouvre pas, parce que je ne peux pas parler à des étrangers», lui cria Blanche-Neige de la fenêtre.

«Mais je ne suis pas une étrangère. Je suis simplement une pauvre vieille femme et j'essaie de gagner ma vie», répondit la reine d'une voix aiguë.

Blanche-Neige regarda par la fenêtre, mais, comme il faisait très sombre, elle ne pouvait pas se rendre compte qu'elle avait déjà été trompée par cette femme.

«Il faut que tu essaies ce peigne en or et ivoire. Il ira très bien avec tes beaux cheveux noirs», la flatta la reine déguisée, et elle passa le peigne par l'ouverture de la fenêtre.

«Cela ne peut pas faire de mal», se dit Blanche-Neige. Elle était elle-même tellement honnête qu'elle ne pouvait pas imaginer qu'il y ait des gens méchants. Elle prit le peigne et le passa plusieurs fois dans ses cheveux. Mais... il y avait du poison sur le peigne. Ce poison fit immédiatement son effet et Blanche-Neige s'effondra aussitôt. La reine l'entendit tomber.

«Bien, c'en est fait d'elle.» Elle retourna très contente au palais.

Heureusement les nains n'étaient pas loin. Ils étaient partis au jardin pour aller chercher sept petits seaux d'eau, et ils rentrèrent juste à temps pour retirer le peigne empoisonné des cheveux de Blanche-Neige.

La jeune fille reprit rapidement conscience, et raconta ce qui s'était passé. De nouveau, les nains lui demandèrent avec insistance de ne plus parler aux étrangers, et elle promit de faire de son mieux.

Quand la reine fut de retour dans sa chambre à coucher, elle saisit son miroir.

«Maintenant il faudra bien que tu dises que moi, et moi seule, suis la plus belle femme au monde. Miroir, mon gentil miroir, qui est la plus belle femme du pays?»

«Ô reine», dit le miroir, et il lui répéta ce qu'il lui avait déjà dit deux fois: «Blanche-Neige est la plus belle de toutes! Et certainement pas toi! Elle habite maintenant chez les sept nains, et elle est bien plus belle que toi!»

Quand la reine entendit que Blanche-Neige était toujours vivante, elle explosa de colère. Elle se mit à crier des choses horribles.

«Cette fois, je vais tuer Blanche-Neige, même si cela doit me coûter la vie!»

La reine s'enferma pendant trois jours et trois nuits dans sa chambre secrète. Elle lut des livres de magie et fabriqua un poison très violent. Elle trempa la moitié d'une belle pomme rouge bien mûre dans le poison, pour que celui qui allait mordre dedans meure immédiatement!

La méchante reine enfila à nouveau d'autres vêtements, et se rendit à la maisonnette des nains, dans la forêt.

Elle vérifia bien que Blanche-Neige se trouvait seule à la maison.

La jeune fille ne vint pas ouvrir quand elle frappa à la porte.

C'est pourquoi la reine lui cria:

«N'aie pas peur, Blanche-Neige! Je t'apporte un cadeau de la part des nains; c'est une belle pomme, très appétissante. Elle est aussi rouge que tes joues.»

Blanche-Neige ne put s'empêcher de regarder par la fenêtre. Elle avait l'air vraiment bonne, cette pomme que lui présentait la vieille femme.

«N'aie pas peur, je vais manger l'autre moitié de la pomme pour te prouver qu'elle ne peut te faire aucun mal.»

Blanche-Neige vit que la vieille femme coupait la pomme en deux et mangeait une des moitiés de bon appétit. Cela ne semblait vraiment pas pouvoir faire du mal.

«Voilà ta moitié», dit la reine.

«Merci, vieille femme», dit Blanche-Neige, qui avait complètement oublié qu'elle devait être très prudente. «Tu peux me la donner! Et merci beaucoup.»

La reine courut vers la fenêtre. Elle se pencha un peu. Ainsi Blanche-Neige ne pouvait pas voir son visage. Elle donna la moitié de pomme empoisonnée à la jeune fille. Blanche-Neige mordit immédiatement dedans. Dès qu'elle eut pris une bouchée, le poison commença à agir et Blanche-Neige tomba sur le sol.

«Ha!» cria la méchante reine, «te voilà enfin morte!»

Elle se dépêcha de rentrer au palais et prit immédiatement son miroir. Pleine d'espoir, elle demanda:

«Miroir...»

La réponse du miroir fut très brève et très gentille:

«Toi, ô ma reine, tu es la plus belle.»

«Maintenant, il ne parle plus de blanc comme neige, de rouge sang et de noir d'ébène!» fit la reine en se moquant. «J'ai enfin réussi à tuer Blanche-Neige!»

Les nains furent très effrayés quand ils rentrèrent le soir et qu'ils découvrirent Blanche-Neige, inanimée, sur le sol de leur maisonnette.

«La reine a finalement réussi» se lamentaient-ils.

«Notre chère petite fille ne vit plus.»

Ils la déposèrent doucement sur le lit, en sanglotant. Chaque nain faisait de son mieux pour essayer de ramener Blanche-Neige à la vie, mais elle ne bougeait plus. Elle était vraiment morte.

Les jours passèrent. Blanche-Neige restait inanimée sur son petit lit. Elle était toujours aussi belle qu'avant. Ses joues restaient aussi rouges que le sang, ses cheveux aussi noirs que l'ébène et sa peau aussi blanche que la neige.

Les nains ne voulaient pas voir s'effacer la beauté de Blanche-Neige. C'est pourquoi ils avaient réalisé avec leurs

Un jour, un prince d'un pays voisin chevauchait dans la forêt. Il faisait un
temps d'été splendide. Quand le prince
vit la merveilleuse jeune fille, son cœur
se mit soudain à battre plus fort.

«Comme elle a l'air adorable», se dit le
prince. Il l'aima tout de suite. Le plus
petit nain se trouvait assis à côté du cercueil de cristal.

«Qui est cette belle enfant?» demanda
le prince au petit nain, tandis qu'il regardait à travers les parois de cristal du
cercueil.

«C'est la fille du roi et son nom est
Blanche-Neige. Mais hélas, elle ne bou-
ge plus.»

«Laisse-moi emmener Blanche-Neige
dans mon royaume», supplia le prince.
Je voudrais toujours pouvoir contem-
pler son beau visage.

«Il faut d'abord que je demande à mes
frères», dit le nain, et il courut les chercher.

Le prince promit solennellement de
continuer à s'occuper de Blanche-Neige.

Finalement les sept nains furent d'accord pour que le prince l'emporte dans
son royaume. Blanche-Neige pourrait
continuer à reposer en paix là-bas. Le
prince choisit immédiatement quatre
de ses compagnons pour transporter
Blanche-Neige, dans son cercueil de
cristal, vers son royaume. Ils devaient
emprunter un sentier difficile, et soudain l'un des nains trébucha sur une ra-

larmes un cercueil d'un cristal très pur;
ils y déposèrent Blanche-Neige et le
placèrent sur une colline dans la forêt.
Là, les animaux pouvaient venir admirer la jeune fille.

cine. Le cercueil lui glissa des mains. À cause du choc, le morceau de pomme empoisonné tomba de la bouche de Blanche-Neige. Elle ouvrit ses yeux et murmura doucement:

«Mais où suis-je?»

Bien qu'elle ait parlé tout bas, le prince l'entendit. Il ouvrit le couvercle du cercueil et prit Blanche-Neige dans ses bras. Qu'il était content qu'elle soit vivante! Blanche-Neige ne devait plus faire le voyage dans le cercueil. Le prince la mit devant lui sur son cheval et ils chevauchèrent ensemble. Avant même d'atteindre son pays, Blanche-Neige aimait le prince autant que lui l'aimait. Ce qui n'était pas rien!

Lorsqu'ils furent dans le royaume du prince, ils célébrèrent le mariage de manière grandiose!

Les sept nains avaient été invités pour tenir le voile de Blanche-Neige. Et parce qu'ils avaient été si gentils envers elle, le prince leur fit construire une maisonnette dans le jardin du palais. Ainsi ils purent toujours rester près de Blanche-Neige.

La méchante reine ne savait pas ce qui s'était passé. Elle pensait que Blanche-Neige était morte depuis longtemps. Mais un jour, elle reprit son miroir magique et elle demanda:

«Miroir...»

Elle était certaine que Blanche-Neige était morte, et que personne ne pouvait être plus belle qu'elle. Elle attendait donc la réponse du miroir en souriant. Mais son sourire disparut quand elle

entendit le miroir lui dire :

«Peut-être que, dans ce royaume, personne n'égale ta beauté. Mais Blanche-Neige, tout près d'ici, est mille fois plus belle que toi!»

Lorsque la reine entendit cela, elle devint folle de rage. Elle jeta le miroir par terre. Il éclata en mille morceaux. Un des éclats vola en l'air et, en retombant, perça le cœur de la méchante reine. Avec un grand cri, elle tomba par terre, morte.

Dans le royaume du prince tout le monde aimait beaucoup Blanche-Neige. Parce qu'elle était très heureuse, elle devenait encore plus jolie chaque jour.

Elle était la personne du plus haut rang de tout le royaume; mais jamais elle n'oublia la gentillesse des sept petits nains. Elle leur était reconnaissante et leur rendait souvent visite avec le prince. Ils vécurent encore longtemps et furent très heureux.

Hansel et Gretel

Il était une fois un pauvre bûcheron qui avait deux enfants, Hansel et Gretel. Ils étaient très pauvres, mais cependant très heureux. Il y a bien longtemps, la mère de Hansel et Gretel était morte. C'était très triste. Un jour, le bûcheron décida de se remarier. Mais, dès ce jour, le sourire des enfants n'illumina plus la pauvre cabane du bûcheron, car, très vite, la belle-mère se mit à détester Hansel et Gretel.

«Si ces deux enfants affamés n'étaient plus là, j'aurais un peu plus d'argent pour pouvoir acheter davantage de nourriture et de vêtements pour moi-même!»

Un soir, alors que les enfants étaient déjà couchés, la belle-mère dit au bûcheron:

«Il n'y a plus assez à manger à la maison. Ces enfants trop gourmands ont dévoré jusqu'à la dernière miette. Ils doivent partir dans le monde, et gagner de quoi manger. Nous ne pouvons pas garder Hansel et Gretel plus longtemps à la maison, ou nous mourrons tous de faim.»

Cela ne plaisait pas du tout au bûcheron. Mais c'était un homme doux, qui n'osait pas contredire sa femme.

«C'est à toi de décider», dit-il en hésitant un peu, «mais j'espère qu'il ne leur arrivera rien, à ces petits.»

Les murs de la maison du bûcheron

n'étaient pas très épais. Hansel et Gretel étaient encore éveillés quand la méchante belle-mère parla au bûcheron. Les enfants avaient compris chaque mot de ce qu'elle disait.

«Mais c'est terrible!» dit Gretel en pleurant.

«Le pire, c'est que papa trouve que c'est bien. Il sait pourtant bien qu'il y a plein d'animaux sauvages qui rôdent dans le bois. Ils pourraient nous manger. Et où allons nous vivre maintenant?»

Hansel ne perdit pas courage. Il descendit de son lit et sortit sans bruit de la maison. Un peu plus tard, il était de retour. Il avait rempli ses poches de pantalon de petits cailloux blancs.

«N'aie pas peur, Gretel. Je vais faire très attention», lui promit-il.

Très tôt, le lendemain matin, la belle-

mère vint réveiller les enfants.

«Nous allons dans la forêt pour ramasser du petit bois. Voici une tranche de pain pour vous. Cela devra suffire pour ce matin.»

Gretel devait conserver le pain dans la poche de son tablier, parce que les poches du pantalon de Hansel étaient remplies de cailloux.

Heureusement, la méchante belle-mère ne remarqua rien. Pendant le trajet qui menait au bois, Hansel s'arrangea pour rester en arrière. La belle-mère se retourna et cria, avec impatience:

«Ne traîne pas comme cela, méchant gamin. Continue ton chemin!»

La belle-mère ne savait évidemment pas que Hansel laissait tomber des petits cailloux blancs sur le chemin; ainsi il pourrait exactement savoir par où ils étaient passés. Arrivés au milieu des bois, les enfants furent renvoyés. Ils de-

vaient aller chercher des branches; quand ils en eurent ramassé un énorme tas, le père y mit le feu. Ainsi ils pouvaient se chauffer.

«Restez près du feu», dit la méchante belle-mère, «papa et moi allons rassembler du bois».

Hansel et Gretel firent ce qu'on leur avait dit et, quand il fut temps de manger, ils grignotèrent leur tranche de pain. Ils avaient parcouru un long chemin et ils étaient très fatigués. La chaleur du feu et la fatigue aidant, ils s'endormirent bientôt tous les deux. Quand les enfants se réveillèrent, il faisait déjà nuit. Le feu s'était éteint et ils se retrouvaient seuls dans l'obscurité du bois. Le silence de la nuit était de temps en temps troublé par le grognement d'un animal dans les fourrés. Gretel hurlait alors de peur.

«Attends que la lune apparaisse», dit Hansel. Il lui tenait fermement la main, bien qu'il ne se sentît pas non plus tout à fait à l'aise.

«Dès que la lune sera là, nous retrouverons facilement le chemin de la maison.»

Ils s'assirent l'un près de l'autre en attendant que la lune se lève. Dès que la lune fut là, ils virent les petits cailloux qui brillaient sur le sol. On aurait dit une trace argentée éclairée par la lune. Les enfants suivirent les cailloux blancs jusqu'à ce qu'ils eurent atteint la cabane de leur père. Quand ils frappèrent à

la porte, c'est la belle-mère qui vint ouvrir. Elle n'était pas contente du tout de voir que les enfants avaient réussi à re-

trouver le chemin de la maison. Mais elle ne montra pas sa colère. Elle fit comme si elle était très contente que Hansel et Gretel soient revenus sains et saufs à la maison.

«Votre père et moi, nous vous avons cherchés toute la journée dans le bois», dit-elle. «Où étiez-vous cachés?»

Le bûcheron, lui, était vraiment heureux de retrouver ses enfants; il les embrassa tous les deux et ne savait plus que dire tellement il était ému.

La belle-mère laissa les enfants tranquilles pendant un petit temps. Elle attendait le moment propice pour pouvoir de nouveau les renvoyer.

Un jour, le bûcheron ne réussit pas à vendre au marché tout le bois qu'il avait coupé. C'est pourquoi il n'y avait plus qu'un petit morceau de pain à la maison.

«Tu vois bien toi-même que les enfants ne peuvent pas rester plus longtemps avec nous», dit la belle-mère. «Il n'y a plus assez de pain pour nous quatre.»

«Donne ma part aux enfants», répondit doucement le bûcheron.

«Mais ils n'auront pas la mienne!» cria

la belle-mère. «Demain, nous les em-
mènerons encore plus loin dans le bois.
Tellement loin qu'ils ne retrouveront
plus jamais le chemin.»
Le bûcheron supplia sa femme de ne
pas faire cela. Mais rien ne pouvait la
détourner de son plan abominable. Et
finalement le bûcheron accepta. Hansel
et Gretel, qui étaient en train d'écouter
derrière les murs, avaient de nouveau
tout entendu.

«Vite, Hansel, va chercher des
cailloux!» chuchota Gretel, apeurée.
Hansel se leva. Il voulut se glisser dehors, mais il découvrit avec horreur que
la belle-mère avait fermé la porte à clé.

C'était très grave. Ils auraient du mal à s'en sortir cette fois!

Le matin suivant, les enfants devaient se préparer pour la sortie dans le bois. Le père donna en silence une croûte de pain à Hansel. Il ne l'avait pas mangée pour pouvoir la lui donner. Alors qu'ils marchaient en direction du bois, Hansel eut l'occasion de semer des miettes de pain. Heureusement la méchante belle-mère ne remarqua rien. Cette fois-ci ils s'enfoncèrent bien plus profondément dans la forêt et de nouveau le père fit un grand feu pour que les enfants n'aient pas froid. Alors il partit avec sa femme, comme s'ils allaient couper du bois. Hansel et Gretel restèrent de nouveau tout seuls. Ils se partagèrent le morceau de pain qui restait et ils s'endormirent, serrés l'un contre l'autre. Quand ils se réveillèrent, il faisait une nuit d'encre. Le feu s'était changé depuis longtemps en un tas de cendres. Gretel faisait de son mieux pour ne pas avoir peur; Hansel n'avait-il pas semé les miettes de pain pour retrouver le chemin de la maison?

«Quand la lune sera là, nous verrons les miettes, pas vrai Hansel?» demanda-t-elle, inquiète.

«Évidemment», répondit Hansel, avec beaucoup de courage. Cependant, il avait aussi un peu peur, à cause de la nuit noire et du froid. Mais il ne voulait pas le montrer à sa sœur.

On aurait dit, cette nuit-là, que la lune ne voulait pas se montrer. Les enfants commençaient à désespérer. Enfin, après avoir attendu très longtemps, la lune émergea d'un gros nuage, et éclaira faiblement les environs. Mais, malheur! Ils ne trouvèrent aucune miette de pain! Dès que Hansel les avait laissées tomber, les oiseaux les avaient picorées. Ils avaient fait disparaître toutes les miettes, une à une.

«Reste calme, Gretel, nous allons retrouver le chemin», fit Hansel pour lui donner du courage.

Mais il ne croyait pas à ce qu'il disait, car le bois s'étendait dans toutes les directions. Seul leur père, qui y travaillait depuis des années, connaissait les nombreux sentiers.

Ils prirent un sentier, puis un autre et encore un autre. Mais ils n'arrivaient pas à sortir du bois. Main dans la main, ils continuaient à chercher.

Allaient-ils finalement trouver la sortie? Ils revenaient toujours au même endroit. Hansel faisait de son mieux pour être gentil avec sa sœur. Il lava ses petits pieds fatigués dans un ruisseau et cherchait la moindre baie comestible. Ils arrivaient de cette manière à calmer un peu leur faim.

Mais, finalement, Gretel était tellement fatiguée qu'elle s'effondra, épuisée. Hansel s'assit et resta près d'elle toute la nuit. Le matin suivant, quand ils eurent mangé quelques baies, ils purent reprendre la route. Hansel commençait

à se rendre compte qu'ils ne pourraient pas aller beaucoup plus loin. Il faudrait qu'ils puissent faire un bon repas et se reposer. Mais il n'y avait personne pour les aider.

Au moment où il pensait cela, un joli petit oiseau se mit à voleter devant lui. L'oiseau battait des ailes comme s'il voulait dire «Suis-moi».

«Je pense que nous devons le suivre», dit Gretel. «Regarde, il fait un bout de chemin et puis il revient nous chercher.»

Le petit oiseau les guida vers une maisonnette très étrange. Les murs étaient en massepain, le toit en biscuit, la porte en chocolat et les fenêtres en sucre filé. Les montants et le seuil de la porte étaient en sucre d'orge. C'était un vrai délice pour ces deux enfants affamés! Ils coururent jusqu'à la maison, aussi

vite que leurs petites jambes fatiguées pouvaient les porter.

«Délicieux!» cria Gretel toute contente, pendant qu'elle cassait une barre de chocolat de la porte.

Hansel était très occupé à retirer un morceau de toit en biscuit. Il avait la bouche pleine et était incapable de répondre. Les enfants étaient trop affamés pour s'étonner de trouver une maisonnette de ce genre au milieu du bois. Pendant qu'ils étaient en train de dévorer la maisonnette, ils entendirent une voix qui venait de l'intérieur. Cette voix était aussi douce que la maison: «Qui est là?» fit-elle.

Hansel répondit, la bouche pleine de sucre: «Deux enfants égarés.»

La porte en chocolat s'ouvrit et une vieille femme sortit en trébuchant. Les enfant déposèrent un instant leurs sucreries, car ils trouvaient que ce n'était pas bien de manger une maison devant son propriétaire. Mais la veille femme n'avait pas du tout l'air fâchée.

«Entrez, je vais encore vous donner beaucoup d'autres bonnes choses à manger. Entrez vite», fit-elle avec une gentille voix.

Cette voix ne correspondait pas à son nez crochu et à ses petites oreilles bordées de rouge. Les enfants entrèrent, pleins d'espoir. Ils reçurent du lait et des crêpes, du sucre, du miel et des noix à volonté. Contre le mur du fond de la pièce se trouvaient deux lits douillets. Quand Hansel et Gretel furent rassasiés, la vieille femme les coucha dans les draps frais, comme si elle était la plus gentille des mamans. Mais, en réalité, c'était une méchante sorcière. Elle avait construit la maison en sucreries pour attraper les enfants. Car il n'y avait rien que la méchante femme aimât plus que de manger de la chair humaine bien tendre. Elle avait l'intention de manger Hansel et Gretel. Les deux enfants dormaient paisiblement dans leur petit lit et ils faisaient des rêves délicieux.

Mais que se passa-t-il le matin suivant? Ils furent réveillés brutalement. Hansel

fut enfermé, encore à moitié endormi, dans une caisse en bois. La sorcière le jeta dedans, referma les barreaux et ferma la cage à clé. Puis elle suspendit la clé à un clou au mur. Ensuite, ce fut le tour de Gretel d'être brutalement réveillée.

«Toi, tu vas nettoyer la maison, de haut en bas», dit la sorcière. C'était bien différent de ce qu'ils avaient entendu la veille au soir. «Et quand tu auras fini, tu vas préparer un bon repas pour ton frère. Il doit devenir gros et, quand il sera bien à point, je vais le manger.» Rien que d'y penser, la sorcière se pourléchait les babines.

La pauvre Gretel se mit à trembler quand elle comprit ce qui allait se passer pour Hansel; mais, pour le moment, elle ne pouvait rien faire, elle devait obéir à la sorcière.

Les jours passaient. Hansel restait prisonnier de la cage en bois, comme un lapin qu'on engraisse avant de le manger. Gretel ne recevait absolument rien à manger de la sorcière; heureusement, Hansel lui gardait la moitié de son repas, et la lui passait quand la sorcière ne le voyait pas. Sinon Gretel serait morte de faim.

Comme Hansel ne mangeait que la moitié du repas, il n'était pas étonnant qu'il ne grossisse pas, ce qui mettait la sorcière en colère. Un matin, elle vint lui tâter les côtes à travers les barreaux, et constata qu'il était toujours aussi maigre. Sa patience était à bout.

«Maigre ou pas, tu seras mangé aujourd'hui même», décida-t-elle.

«Dépêche-toi, Gretel, va me chercher un seau d'eau, et je vais te montrer comment on peut faire un bon gâteau avec de la chair humaine.»

La pauvre Gretel était désespérée. Que devait-elle faire? Elle alla quand même chercher l'eau. Quand elle revint dans la maisonnette, la sorcière venait de verser douze sacs de farine dans un grand pétrin. Sur la table, à côté d'elle, se trouvait une assiette aussi grande qu'une bassine à lessive. La sorcière mélangea des morceaux de graisse dans la farine; quand Gretel apporta l'eau, elle la versa dans la pâte. Puis elle se mit à la pétrir.

«Allume le four, fainéante!» dit la sorcière, «et aide-moi à pétrir.»

Gretel alluma le four. Elle devait absolument trouver quelque chose pour sortir Hansel de là, et vite! Mais quoi? «Ah! si les animaux de la forêt nous avaient mangés, nous n'en serions pas là!», soupirait-elle.

«Ne reste pas là à rêver! Dépêche-toi et apporte-moi le sel!» cria la sorcière. Elle était tout essoufflée d'avoir pétri la pâte.

Gretel ajouta du sel à la pâte et se mit aussi à la malaxer. Elle plongeait ses petits bras maigres jusqu'au coude dans la pâte. Avec la sorcière, elle pétrissait la pâte qui commençait à monter.

Bientôt elle déborda du pétrin. Gretel savait que la pâte était prête à cuire. Il fallait faire quelque chose, maintenant, sinon ils étaient perdus tous les deux.

«On ne va pas se laisser manger par une sorcière!» cria Gretel.

Elle sortit les bras de la pâte et donna par-derrière un grand coup à la sorcière. Sous le choc, la sorcière tomba dans la masse collante.

Avant qu'elle n'ait pu se libérer, Gretel saisit le couvercle du pétrin et le plaça rapidement dessus. Puis elle saisit tous les poids de la balance, et les déposa par-dessus. Enfin, elle ajouta tous les livres qu'elle put trouver. Maintenant, la sorcière aurait beaucoup de mal à sortir de là.

«Bravo, Gretel!» cria Hansel, qui avait tout observé d'un trou entre les barreaux. «Vite, prends la clé et fais-moi sortir, avant que cette méchante sorcière ne s'échappe!»

Rapide comme l'éclair, Gretel saisit une chaise, monta dessus, et prit la clé suspendue au clou. Il ne lui fallut pas longtemps pour délivrer Hansel. Le couvercle commençait à trembler sous les coups de la sorcière qui essayait de se libérer.

Il ne lui faudrait plus longtemps main-

tenant pour réussir à sortir du pétrin. Et sa vengeance serait très certainement terrible!

Les enfants n'avaient pas l'intention de l'attendre. Main dans la main, ils s'enfuirent de la maisonnette en sucre. Ils entendirent derrière eux les cris de colère de la sorcière, qui devenaient de plus en plus aigus. Ils continuèrent à courir aussi vite qu'ils le pouvaient, jusqu'à ce qu'ils soient à nouveau au cœur de la forêt. Hansel s'écroula, il était hors d'haleine.

«Regarde dans la poche de mon pantalon», dit-il à Gretel. La poche du pantalon était remplie de superbes perles.

«Où les as-tu trouvées?» demanda Gretel tout étonnée.

«Je pense que cette maison était ensorcelée», dit Hansel. «Quand la sorcière m'a enfermé dans la cage, j'avais encore un morceau de sucre d'orge de la fenêtre dans ma poche. Après, il s'est émietté et s'est transformé en perles précieuses.»

«Formidable! Maintenant nous ne serons plus jamais pauvres. Ah! si nous pouvions sortir du bois!» dit Gretel. «Mais regarde, Hansel, comme cette rivière est large! Comment va-t-on faire pour la traverser?»

«Je ne vois aucun pont», répondit Hansel, «et elle est tellement large que nous ne pourrons pas traverser à la nage.»

À ce moment, on entendit des cris retentir dans le bois. On aurait dit qu'un monstre s'approchait d'eux. Gretel s'accrocha de toutes ses forces à son frère.

«C'est une bête sauvage qui se dirige vers nous!» cria-t-elle apeurée. «Hansel, qu'allons-nous faire?»

«Je vais combattre l'animal», dit Hansel courageusement.

Il serra les poings et attendit de voir apparaître le monstre. Mais au lieu de voir surgir un loup affamé ou un renard, c'est un énorme canard qui arrivait en se dandinant qu'ils découvrirent. Quand il aperçut les enfants, il fit une grimace tellement cocasse avec son bec que les enfants éclatèrent de rire.

«Hé! canard, peux-tu nous faire passer la rivière, s'il te plaît?» lui demanda Hansel, et il sauta immédiatement sur son dos.

L'oiseau, de bonne volonté, se mit directement à nager, et, quand il eut atteint l'autre rive, il revint immédiatement chercher Gretel.

Ils purent ainsi continuer leur chemin et, peu à peu, le bois devint moins épais. Et soudain, ils aperçurent la cabane du bûcheron dans le lointain. Le bûcheron était assis sur le seuil. Il était tout seul. Sa femme en avait eu assez de la pauvre existence qu'elle menait avec lui, et l'avait quitté pour toujours. Quelle ne fut pas sa joie de retrouver ses deux enfants!

«À partir de maintenant, cette cabane ne sera plus que pour nous trois», promit-il.

Et comme Hansel avait ramené les précieuses perles, ils n'eurent plus jamais faim. Personne ne sait si la sorcière réussit à sortir du pétrin.

Mais ce qui est certain, c'est qu'elle n'a plus jamais fait de mal à personne. Et c'est ainsi qu'ils vécurent tous longtemps et heureux.

Rose-Blanche et Rose-Rouge

Il était une fois une veuve qui avait des jumelles, deux jolies petites filles. Elle avait nommé ses deux filles du nom de deux rosiers qui se trouvaient dans son jardin: Rose-Blanche et Rose-Rouge. Les deux enfants étaient d'ailleurs aussi fraîches et jolies que des roses.

Rose-Rouge était une fillette très vivante. Elle aimait se promener toute la journée à travers les champs en courant derrière les papillons. Rose-Blanche, elle, restait calmement à la maison. Elle tenait compagnie à sa mère en lisant un livre au coin du feu. Pourtant, les deux fillettes s'aimaient énormément. Elles éprouvaient un grand plaisir à se raconter leurs petits secrets.

Dès qu'elles étaient séparées, ne fût-ce que pour quelques heures, elles en étaient toutes tristes. Leur mère était très heureuse de les voir aussi attachées l'une à l'autre. Elle savait maintenant que les deux sœurs s'aideraient toujours, tout comme les épines protègent la rose.

Il y avait une chose pour laquelle les deux fillettes étaient identiques: elles aimaient toutes les deux énormément les animaux, et les animaux de la forêt le savaient.

C'est pourquoi ils ne faisaient jamais de mal aux deux fillettes.

Quand les deux sœurs jumelles se promenaient dans les bois, main dans la main, il arrivait souvent que les animaux viennent à elles pour se faire caresser. Ils agitaient la queue, comme l'auraient fait des chiens dociles. Même les oiseaux les plus timides venaient se percher sur leur épaule et chantaient à tue-tête. Les biches et les chèvres venaient brouter près d'elles. Elles aussi ne voulaient rien perdre de ces instants de bonheur.

Les fillettes entretenaient parfaitement leur cabane. Elle était tellement en ordre que c'était un plaisir d'y venir. Rose-Blanche allumait le feu tous les matins. Puis elle mettait l'eau à bouillir pour le café. L'eau se trouvait dans une bouilloire en cuivre, qu'on aurait cru en or tellement elle était astiquée.

Rose-Rouge préparait le petit déjeuner pour sa maman, nettoyait la maison et faisait les lits. Quand elles avaient terminé ces tâches, elles enlevaient leur tablier et partaient se promener un petit peu en chantant de bonheur. Vous pouvez imaginer que leur mère était vraiment très fière d'elles. Elle disait souvent:

«Il n'y a pas une mère au monde qui ait des enfants aussi gentils que les miens!»

«Mais c'est un bonheur pour nous que

de t'aider, maman!» répondaient les deux fillettes, «c'est tellement gai de tout faire ensemble.»

Ainsi allait la vie, joyeuse et sans souci, jusqu'au moment où les jumelles devinrent plus grandes. Un soir d'hiver, alors qu'au dehors la neige tombait à gros flocons, la veuve était assise près du feu avec ses deux filles. Elles se racontaient de petites histoires. Rose-Blanche caressait son petit agneau, et Rose-Rouge laissait son pigeon blanc s'endormir sur son doigt. De l'autre main, elle caressait doucement sa tête. Soudain, on entendit frapper fort à la porte.

«Va ouvrir, Rose-Blanche. C'est certainement un étranger qui cherche un toit pour s'abriter», dit la veuve.

Rose-Blanche déposa son agneau par terre et ouvrit la porte. À son grand étonnement, elle ne vit pas un étranger, comme l'avait supposé sa mère, mais un grand ours brun qui la regardait tristement. La fillette se raidit de peur, bien qu'elle aimât beaucoup les animaux. Elle se blottit derrière sa mère.

Un grand bruit se fit entendre dans la pièce, car le pigeon s'était envolé en roucoulant bruyamment, et le petit agneau se mit doucement à bêler.

L'ours fit de son mieux pour rétablir le calme.

«N'ayez pas peur, je ne vous ferai aucun mal. J'espérais simplement pouvoir me réchauffer un peu près du feu, bonne gens», grommela-t-il.

«Mes enfants, je suis étonnée de votre attitude», dit la maman. «Pourquoi réagissez-vous ainsi vis-à-vis de cet ours? Entrez, Monsieur l'ours, du moins si vous n'avez pas de mauvaises intentions. Nous allons voir si nous avons encore quelque chose de chaud à vous donner à manger.»

L'ours fut profondément touché par ces gentilles paroles et se glissa à l'intérieur. Il ne fallut pas longtemps pour qu'il ait mis sa grosse patte sur l'épaule des deux fillettes.

Les deux autres animaux de la maison, qui avaient vite constaté que cet ours était très gentil, se rapprochèrent également. L'ours dormit toute la nuit devant le feu. Lorsqu'il fit jour, il se leva en silence, ouvrit la porte et s'esquiva. Les

fillettes trouvèrent bien dommage qu'il ait disparu aussi vite qu'il était venu. Aussi furent-elles bien heureuses quand elles entendirent, le soir venu, un grand coup frappé à la porte. À partir de ce moment, l'ours prit l'habitude de venir tous les soirs, et la famille était très heureuse de le voir, car c'était vraiment un très gentil ours. Il adorait jouer avec les enfants et ne leur faisait jamais de mal.

L'hiver passa ainsi. Quand le printemps fut là, l'ours leur annonça qu'il était temps pour lui de repartir.

«Tu vas beaucoup nous manquer», lui dit Rose-Blanche. «Pourquoi ne nous dis-tu pas pourquoi tu dois partir?»

«Je dois partir pour surveiller mes trésors. Ils sont cachés dans la forêt», ré-

pondit l'ours, au grand étonnement des fillettes. «Pendant l'hiver mes trésors étaient en sécurité. Le sol était gelé et les nains restaient dans leurs cavernes. Le soleil a dégelé la terre, et ces petits bonshommes vont à nouveau essayer de me les voler.»

«Pars, alors, ours. Mais essaie de revenir nous voir!» lui dit Rose-Rouge.

L'ours promit de faire son possible et se dépêcha de partir.

Il ne voulait pas qu'elles voient les larmes qui brillaient dans ses yeux. Il se dépêcha tellement qu'un petit morceau de sa fourrure resta accroché à la porte. Les fillettes le regardèrent longtemps disparaître; à l'endroit où était resté accroché un morceau de sa fourrure, elles pensaient avoir aperçu une lueur dorée. Mais par la suite, elles n'en furent plus certaines.

Rose-Blanche et Rose-Rouge étaient très tristes d'avoir perdu leur compagnon de jeu. C'est pourquoi leur mère les envoya dans le bois pour se distraire un peu.

Elles n'étaient qu'à une petite distance de la maison, lorsque Rose-Rouge s'écria:

«Vois-tu cette petite chose brune, là, qui ne cesse de bondir?»

«Oui, on dirait la pointe d'un bonnet!» répondit Rose-Blanche.

Quand les fillettes se furent approchées, elles aperçurent effectivement la pointe d'un bonnet, qui était porté par un petit homme très en colère. La barbe du petit homme était coincée dans la fente d'un tronc d'arbre. Il sautait pour essayer de la détacher et était rouge de colère. Il tirait de toutes ses forces sur sa barbe.

«Que vous est-il donc arrivé?» demanda Rose-Rouge.

«Ce qui s'est passé?» cria le nain. «Ne voyez-vous pas que ma superbe barbe est coincée dans ce stupide tronc? Quand j'ai voulu fendre ce tronc, il m'a mordu comme un vilain chien. Avez-vous jamais entendu pareille chose? Qui ose retenir un nain prisonnier dans sa propre forêt?»

Les deux fillettes avaient du mal à ne pas éclater de rire, tellement le petit bonhomme avait l'air excité.

«Ne restez pas là à rire bêtement, petites sottes! Faites quelque chose!» cria le bonhomme avec impatience.

Les jumelles essayèrent de l'aider. Elles tiraient aussi fort qu'elles pouvaient pendant que le petit homme trépignait de douleur et de colère. Mais les fillettes ne réussirent pas davantage à retirer la barbe coincée dans le tronc d'arbre.

«Je pense que nous devons aller chercher de l'aide», fit Rose-Blanche, tout essoufflée de tirer.

«Moi, je pense plutôt que vous voulez partir et m'abandonner ici, sans personne pour m'aider. Il n'en est pas question!» hurla le nain qui entra dans une colère terrible. «Délivrez-moi. Immédiatement!»

«Alors il n'y a qu'une solution», dit Rose-Rouge. Elle sortit une paire de petits ciseaux. «Nous allons couper le bout de la barbe.»

Ce n'est sans doute pas ce que le nain aurait souhaité. Mais avant qu'il ait eu le temps de dire un mot, elle lui coupa habilement un petit morceau de barbe. Le petit homme était délivré. Mais si vous croyez qu'il était content, vous vous trompez!

«Vous n'êtes que de stupides oies», grommela-t-il. «Vous ne pouviez pas trouver autre chose, au lieu de couper ma précieuse barbe? Il m'a fallu des années pour obtenir une si belle barbe, vous comprenez?»

l'autre il essayait de se retenir à l'herbe humide. Au bout de la ligne, un gros poisson essayait de tirer le petit homme dans l'eau.

«À l'aide!» cria le nain. «Aidez-moi, ou je vais me noyer!»

«Vous n'aviez pas tellement apprécié notre aide la dernière fois», lui fit remarquer Rose-Blanche.

«Stupide enfant! Ne reste pas là à caqueter comme une poule», souffla le petit homme.

Il enfonça ses talons dans le gravier. Le poisson recommença à tirer de plus belle la barbe du bonhomme. Rose-Rouge descendit vers lui. Elle prit le nain par la taille pendant que Rose-Blanche essayait de détacher la barbe. Mais sans succès. La barbe était trop emmêlée dans la ligne.

Et il regarda les fillettes avec colère. Il ne les remercia même pas pour leur aide. Le petit bonhomme ramassa sur le sol un sac rempli d'or, et disparut en marmonnant un tas de vilaines choses, tellement il était hors de lui. Quelques jours plus tard, Rose-Blanche et Rose-Rouge décidèrent d'aller pêcher dans la rivière. Et qui virent-elles près de la rivière? Le petit bonhomme! Il essayait également de pêcher un poisson. Mais, c'était le poisson qui loin d'être pris l'avait presque attrapé! Il était là, la canne à pêche dans une main et avec

«Dépêchez-vous, et faites quelque chose. Bientôt ma barbe sera complètement arrachée, avec les racines des poils. Une si belle barbe!»

«Il n'y a qu'un seul moyen», dit Rose-Rouge. Elle coupa la pointe de la barbe avec ses petits ciseaux.

Cette fois-ci encore, le petit bonhomme ne prit pas la peine de les remercier. Au lieu de cela, il se mit à taper des pieds et à crier:

«Filles de rien! C'est la deuxième fois que vous coupez un morceau de ma barbe. Bientôt il n'en restera plus rien. Et les autres nains vont se moquer de moi. Vous êtes jalouses, c'est ça! Vous faites cela parce que vous n'en avez pas!»

Et il partit, fâché, en maugréant. Les fillettes constatèrent que, malgré tout, il n'avait pas oublié de ramasser son sac de perles, qui était placé sous une pierre.

Quelques jours plus tard, la maman envoya ses deux filles faire des courses au village. En chemin, elles virent un grand aigle qui décrivait des cercles au-dessus de sa proie. Quand l'aigle plongea, les fillettes entendirent un grand cri de frayeur. Elles coururent jusqu'à l'endroit où elles avaient entendu le cri. Et qui virent-elles? Le petit bonhomme! L'aigle tenait fermement la barbe du bonhomme dans son bec crochu. Il voulait entraîner le nain dans son nid. Rapide comme l'éclair, Rose-Rouge

saisit ses ciseaux. Il n'y avait plus de temps à perdre. Elle coupa rapidement la barbe et chassa l'oiseau de proie.

Mais le petit homme était loin d'être reconnaissant! Il s'étranglait presque de colère, parce que sa barbe était encore raccourcie. Il ramassa rapidement un sac rempli de pierres précieuses. Il l'avait laissé tomber quand l'aigle l'avait attaqué. Il s'en alla ensuite rapidement. Il se retournait de temps en temps, en tendant le poing vers les deux fillettes. Mais elles commençaient à s'habituer aux manières du drôle de petit bonhomme. Elles continuèrent leur chemin comme si rien ne s'était passé. Quand elles eurent fini leurs emplettes, elles prirent le même chemin pour ren-

trer chez elles. Soudain, elles arrivèrent près d'une grotte, dans une clairière de la forêt. Le petit bonhomme était là. Il sortait de superbes pierres précieuses de son sac, qui brillaient et scintillaient au soleil. Soudain, le petit homme se retourna et vit que les fillettes l'avaient observé. Il devint furieux comme s'il allait éclater.

«Ah, vous voilà de nouveau!» hurla-t-il. «Cela ne vous suffit pas d'avoir coupé ma barbe? Il faut encore que vous me suiviez. Vous devez certainement connaître tous mes secrets. Je vais vous apprendre qu'il ne faut pas se mêler de mes affaires!»

Les fillettes prirent peur, car le nain avait manifestement l'intention de leur faire du mal.

«Je vais vous écraser les orteils. Je vais vous tirer les cheveux. Je vais...»

Mais le méchant petit bonhomme ne fit rien de tout cela. Car, à ce moment, un grognement sourd retentit, tout proche. Un grand ours brun sortit de la forêt et se dirigea vers la clairière.

«C'est notre ours. Il vient à notre secours!» s'écrièrent les deux fillettes.

Le nain s'effraya tellement quand il vit l'ours qu'il en tomba à genoux sur le sol au milieu des bijoux. Il supplia:

«Ne me mange pas, cher ours, épargne-moi. Prends ces deux fillettes, elles ont certainement meilleur goût que moi.»

À ces mots, l'ours fit de nouveau entendre son grognement.

L'animal ouvrit très grand la gueule, comme s'il allait avaler le petit bonhomme en une seule bouchée. Avec un cri, celui-ci s'enfuit, rapide comme l'éclair. Il avait tellement peur de l'animal gigantesque qu'il en oublia ses trésors. Les fillettes se retournèrent pour remercier l'ours.

Mais celui-ci avait disparu. À l'endroit où s'était trouvé l'ours, elles virent une fourrure sur le sol. Quelqu'un avait pris la place de l'ours: un beau jeune homme, un prince. Il portait des habits superbes recouverts de fils d'or. Il regardait en souriant les jeunes filles et dit:

«Soyez sans crainte! Je suis toujours l'ours, mais dans mes habits normaux. C'est cet horrible petit homme qui m'avait changé en ours. De cette manière, il pouvait me prendre mes trésors et, depuis ce temps, j'étais obligé d'errer seul dans la forêt.»

«Alors comment se fait-il que vous soyez redevenu un prince?» demanda Rose-Blanche.

«Ce n'était qu'au moment où le nain me rendrait mes trésors que la malédiction pouvait être brisée», expliqua le prince. «Retournons maintenant chez votre mère. Nous pourrons lui raconter les bonnes nouvelles.»

Elles se dépêchèrent de rentrer à la maison et, bien vite, Rose-Blanche, Rose-Rouge et le prince devinrent les meilleurs amis du monde, comme elles l'avaient été avec l'ours.

Princesse Toutes-fourrures

Il était une fois un roi et une reine qui vivaient heureux. Mais la reine mourut, et le roi resta seul avec sa petite fille. Le roi n'avait pas de fils qui pourrait lui succéder un jour. Il en était très triste. Plus tard, quand il serait trop âgé pour diriger le pays, c'est sa jolie fille qui devrait lui succéder. Il aimait énormément sa fille, mais il savait qu'elle connaissait trop peu la vie pour devenir reine.

«Comment allons-nous trouver une solution à cela?» demanda-t-il à ses conseillers.

Il est vrai que la princesse avait de très beaux yeux bleus et de beaux longs cheveux blonds, mais ce n'était pas très utile pour régner.

«Il serait peut-être utile que je prenne un fils et que ce fils prenne ma place.»

«Non, non, cela ne va pas», répondirent les conseillers.

«Seule votre fille peut régner après vous», dit le conseiller le plus âgé.

«Elle seule a le droit de monter sur le trône, et non pas quelqu'un que vous prendriez comme votre fils», dit le plus ancien conseiller.

«Alors, elle devra prouver qu'elle a toutes les qualités nécessaires pour devenir une reine», dit le roi. «Je vais la mettre à l'épreuve.»

Les conseillers n'approuvèrent pas cela non plus. Mais le roi leur tint tête. Il fit venir sa fille près de lui.

«Princesse», dit-il, «quand je mourrai, c'est toi qui hériteras de mon trône. Mais tu dois d'abord partir dans le monde. Cherche un roi à qui tu voudrais donner ton cœur et ta main. Si tu réussis cela sans l'aide de personne, tu auras prouvé que tu peux faire une bonne reine. La reine non seulement de mon pays, mais aussi du sien.»

«Je ferai de mon mieux, père», répondit courageusement la princesse. Mais elle n'était pas du tout à l'aise.

Le roi était très satisfait de cette réponse. Il lui dit:

«Ma très chère fille, tu peux me demander quatre choses que tu souhaiterais emmener en voyage. Aussi étranges que puissent être tes souhaits, je te promets de les accomplir.»

«Volontiers, père. Je voudrais emmener trois robes: la première d'or, comme le soleil; la deuxième d'argent, comme la lune; et la troisième aussi brillante que l'étoile la plus lumineuse. Et la quatrième chose que je voudrais emporter est un manteau fait de la fourrure de mille animaux différents. Avec ce genre de fourrure, j'aurai chaud dans le grand monde glacé.»

À vrai dire, la princesse espérait que la préparation de ces habits étranges prendrait beaucoup de temps. Mais le roi était tellement décidé à tester le courage et l'endurance de sa fille qu'il donna l'ordre à toutes les femmes du royaume d'aider à tisser et à coudre ces vêtements bizarres. Le fil pour la robe

en or fut réalisé avec les plus purs rayons de soleil, celui de la robe en argent avec la lumière froide de la lune, et pour la robe étoilée, on utilisa les pluies d'étoiles de la salle royale des trésors. Lorsque les trois robes furent terminées, le tissu en était tellement fin qu'elles pouvaient tenir toutes les trois dans une coquille de noix. Ensuite, le roi envoya tous les chasseurs du royaume dans la forêt pour y prendre un petit morceau de la fourrure de tous les animaux. Très vite, la princesse eut un manteau de fourrure d'un type très particulier. Il avait un grand capuchon très large.

Maintenant il n'y avait plus rien qui l'empêchâ de commencer son voyage.

En plus des trois robes dans la coquille de noix et du manteau de fourrure, la princesse emmena trois de ses propres trésors. C'étaient une bague en or, un petit fuseau en or et une bobinette en or. Avec cela pour bagage, la princesse partit à la recherche d'un mari.

Elle passa très vite la frontière du pays de son père. Elle se retrouva dans un champ. Un vent froid y soufflait, et la princesse commençait à être très fatiguée. Quand elle fut arrivée près d'un tronc d'arbre creux, elle y chercha refuge contre le vent glacé. Elle s'endormit rapidement. Le lendemain matin, le jeune roi de ce pays passa par là, avec des chasseurs. Ses chiens se mirent soudain à aboyer très fort. Ils avaient senti l'odeur du manteau de fourrure de la princesse, qui était fabriqué à partir des peaux de nombreux animaux. Le roi ordonna à l'un de ses chasseurs d'aller voir pourquoi les chiens aboyaient.

L'homme revint bien vite et dit très étonné:

«C'est un drôle d'animal qui dort là, majesté. Il a une fourrure de mille couleurs. Je n'en ai encore jamais vu d'aussi belle.»

«Cela doit être quelque chose d'étrange», dit le roi. «Prends garde à ne pas faire de mal à cet animal! Attrape-le et ramène-le au palais.»

Le roi se détourna avec son cheval et rejoignit les autres chasseurs. Le chasseur dit à ses compagnons:

«Je ne vais pas m'approcher trop près de cet animal. Ne lui faites pas de mal, a dit le roi. Mais qui sait, c'est peut-être l'animal qui nous fera du mal.»

«Le roi a ordonné de l'attraper», dit un autre chasseur. «Nous devons nous en tenir à cela.»

Ils entourèrent soigneusement l'arbre et, au signal, ils sautèrent tous ensemble sur la princesse et la tirèrent vers l'extérieur.

«Eh, mais ce n'est qu'une fillette!» s'écria le premier homme. Il la regarda tout étonné.

«Avec un manteau fait d'un millier de peaux de chats, si tu veux mon avis», se moqua un autre.

«Emmène-la aux cuisines du palais», ordonna le chef des chasseurs.

Une heure plus tard, la princesse était sur place. Les autres serviteurs écoutèrent le récit de sa capture. Ils la surnommèrent princesse Toutes-fourrures et lui confièrent les travaux les plus ennuyeux et les plus difficiles à réaliser.

Un jour, le roi décida d'organiser un grand banquet. La pauvre princesse Toutes-fourrures avait l'ordre d'écailler les poissons toute la journée. Elle devait aussi peler des montagnes de légumes. Elle était obligée d'accomplir toutes les corvées que les serviteurs pouvaient imaginer pour l'ennuyer. Alors que le banquet battait son plein, les serviteurs s'agitaient en tous sens pour servir les invités. Et princesse Toutes-fourrures en profita pour se faufiler dans la cave, là où elle dormait

toujours. Vite, elle se lava le visage et les mains. Elle retira son vilain bonnet, peignit ses longs cheveux blonds et sortit la robe en or de sa coquille de noix. Elle s'était rapidement transformée en une superbe princesse. Sans hésiter, elle gravit les escaliers du palais et entra directement dans la salle de fête. Tous les nobles qui se trouvaient là furent éblouis par sa beauté. Même le roi la regarda avec étonnement. Il ne pouvait pas s'imaginer un seul instant que cette jolie fille était une des filles de cuisine du palais. Le roi voulut qu'on lui présente cette jolie personne. Mais quand

un laquais reçut l'ordre de l'amener près de lui, il ne put la trouver nulle part. Il donna l'ordre à la garde de la rechercher dans tout le palais. Mais pas un des soldats n'eut l'idée d'aller chercher une dame si bien habillée dans les cuisines du palais. C'était pourtant l'endroit où se trouvait la princesse. Elle avait promptement replacé la robe dans la coquille de noix et remis son tablier. Elle enfonça son vieux bonnet et, pour être certaine qu'on ne la reconnaisse pas, se noircit le visage et les mains avec des cendres.

Le lendemain, le maître-coq avait pris froid. Il voulait rester au lit.

«Je vais préparer le repas du roi», proposa la princesse.

Le maître-coq savait très bien qu'elle cuisinait mieux que lui. Mais il accepta, et se retourna dans son lit en toussant.

Princesse Toutes-fourrures était de nouveau occupée à écailler les poissons. Mais cette fois, c'était différent: elle allait préparer une excellente soupe pour le roi. Quand la soupe fut prête, elle laissa tomber sa bague en or dedans.

«Jamais de ma vie je n'avais mangé une soupe aussi délicieuse», dit le roi, et il vida tout le bol.

À son grand étonnement, il trouva au fond du bol un petit anneau en or. Le chef des laquais ne savait plus comment se tenir, tellement il était gêné.

«Je ne sais vraiment pas comment cette bague a pu arriver dans votre soupe, majesté», bégaya-t-il.

«C'est ce que nous allons découvrir», répondit le roi, et il fit venir le maître-coq.

Ce dernier était encore très malade. Toussotant, les yeux tout rouges, il se présenta, honteux, devant le roi.

«Est-ce toi qui as préparé cette bonne soupe?» demanda le roi. Le maître-coq éternua bruyamment.

«Qui d'autre, majesté?» répondit-il, le nez tout bouché. «Chacun sait ici, at-

chou...m!, que ma sou..ou..ou..pe est excellente! Excellente!»

«Et que tu y ajoutes une bague en or pour la rendre encore meilleure?» demanda le roi d'un ton grondeur.

«Bien sûr que non!» répondit le maître-coq, fâché. «C'est cette horrible Toutes-fourrures, cette vilaine! Alors que je suis alité avec une tête comme un seau, à souffrir le martyre, entre-temps elle vous prépare une mauvaise soupe et met cette chose dedans!»

«Ce n'est donc pas toi qui as préparé cette soupe? Je m'en doutais bien, elle était tellement bonne!» fit le roi. «Va me chercher cette Toutes-fourrures et amène-la ici!»

Le visage défait, le maître-coq se précipita aux cuisines. Il revint un instant plus tard dans la salle du trône, tirant derrière lui la princesse Toutes-fourrures, apeurée.

Le roi regarda attentivement sa fille de cuisine, mais son visage était recouvert d'une telle couche de cendres qu'il ne pensa pas un seul instant qu'elle pouvait être l'élégante princesse qu'il avait vue lors du banquet.

«Comment cette bague est-elle arrivée dans ma soupe?» demanda-t-il.

Princesse Toutes-fourrures ne répondit pas. Elle tirait toute gênée sur son tablier. Le roi vit qu'elle était terriblement ennuyée. Il eut pitié de la pauvre fille qui se tenait devant lui en tremblant, et la renvoya simplement aux cuisines. Mais il n'aimait plus la soupe du maître-coq. Lorsque le bol de soupe du roi revint en cuisine quatre jours d'affilée sans qu'il y eût touché, le maître-coq eut peur de perdre sa place. «Demain, il y a un bal et je serai fort occupé avec les pâtisseries. Tu feras la soupe du roi, mais n'y mets plus de bague cette fois-ci!» dit-il à princesse Toutes-fourrures. La princesse ne mit plus de bague dans le bol de soupe. En échange, elle y déposa le petit fuseau en or. Pendant que la soupe cuisait, elle alla vite à la cave pour se laver. Elle sortit cette fois de la coquille de noix la robe en argent et se hâta vers la salle de bal. Le roi était très heureux de revoir sa princesse de rêve. Mais avant qu'il n'ait eu le temps de lui demander une danse, la princesse avait de nouveau disparu aussi vite qu'elle était venue. Dans la cave, elle se changea et redevint Toutes-fourrures, la fille de cuisine. Elle enduisit de nouveau son visage et ses mains de cendres. Le roi était très déçu, et ordonna la fin de la fête. Il alla s'asseoir à table avec un visage sombre. Mais la soupe était si bonne que le roi la mangea jusqu'à la dernière goutte. Dans le fond du bol, il trouva le fuseau en or. Cette fois, le maître-coq admit tout de suite qu'il n'avait pas préparé la soupe, car il ne voulait pas qu'on le traite une seconde fois de menteur.

Le roi demanda très gentiment à la princesse Toutes-fourrures pourquoi elle avait caché le fuseau en or dans le bol, mais elle ne lui donna pas de réponse.

«Je trouve ta soupe tellement bonne que personne d'autre ne pourra plus cuisiner pour moi.»

Depuis le jour du bal, la princesse avec la robe en argent occupait toutes les pensées du roi. Il désirait ardemment la retrouver. Aussi décida-t-il rapidement d'organiser un nouveau bal. Peut-être que la princesse reviendrait. Qui sait!

Ce soir-là, la princesse Toutes-fourrures réussit de nouveau à s'échapper vers la cave. Elle se changea rapidement et enfila la plus belle des trois robes. C'était celle qui brillait comme l'étoile la plus lumineuse. Très vite, elle entra dans la salle de bal. Il n'y avait pas une dame qui la dépassât en beauté. Le roi arrivait à peine à cacher son bonheur et il décida cette fois de ne pas la perdre des yeux. Pendant qu'ils dansaient ensemble, il glissa le petit anneau d'or autour de son doigt. La princesse ne remarqua rien. Parce que le roi ne cessait de la regarder, princesse Toutes-fourrures resta beaucoup trop longtemps dans la salle de bal. Elle devait encore préparer la soupe du roi, et elle avait besoin de beaucoup de temps pour la faire. Comme elle se dirigeait vers la cave, elle regarda l'horloge, par hasard. Elle se rendit compte qu'elle n'avait plus le temps d'enfiler ses habits

de travail. Elle jeta alors rapidement son manteau de fourrure sur ses épaules; il recouvrait entièrement sa belle robe. Elle se hâta vers la cuisine et, cette fois-ci, déposa la bobinette en or dans le bol. Quand le bal eut pris fin, et que le roi se mit à manger sa soupe, il trouva la bobinette. Il fit immédiatement venir princesse Toutes-fourrures. Elle entra, cachée de la tête aux pieds dans sa grande pelisse. Elle avait mis le capuchon de manière à ce qu'il lui cache complètement le visage.

«Ne te cache pas dans ce grand manteau de fourrure, mon enfant. Je ne te ferai pas de mal», lui dit le roi. Il lui prit la main et, à son grand étonnement, non seulement cette main était propre, mais à l'index y brillait la bague en or. Sans réfléchir, le roi avait ouvert le manteau de fourrure. Ce qu'il vit n'était pas la petite fille de cuisine, mais la belle princesse qu'il avait tant admirée pendant le bal.

La princesse lui raconta toute son histoire du début à la fin. Quand elle eut fini, le roi s'agenouilla devant elle et demanda à la princesse si elle voulait devenir sa femme pour toujours. C'est ainsi que s'est déroulée l'histoire de la princesse. Elle avait été une simple petite servante qui nettoyait les légumes. Maintenant elle était la reine de deux royaumes. Elle serait certainement à la hauteur pour les diriger aussi bien que l'avait fait son père.

Le Petit Soldat de plomb

Il était une fois vingt-quatre courageux petits soldats. D'où venaient-ils? Ils étaient fabriqués avec de vieilles cuillers en plomb. Ensemble, ils formaient un beau groupe, avec leurs uniformes peints en rouge et bleu, chacun avec son fusil sur l'épaule. Le garçon qui avait reçu ces soldats en était fou. «Quel beau cadeau d'anniversaire!» cria-t-il. «On dirait qu'ils sont vrais!» Mais il y avait quelque chose qui n'allait pas avec l'un des petits soldats. Le petit garçon le découvrit quand il plaça ses soldats en rang. Car le dernier soldat n'avait qu'une jambe. L'artisan n'avait plus eu assez de plomb pour le couler dans la forme du dernier soldat. Pourtant, le petit soldat essayait de se tenir bien droit sur son unique jambe, comme le faisaient les autres. Car, se disait-il toujours, c'est l'ensemble qui s'écroulera si jamais je tombe. Le petit soldat qui n'avait qu'une jambe regardait toujours bien droit devant lui. C'est ainsi que doit faire un bon soldat, quand il est au garde-à-vous.

Le petit soldat qui n'avait qu'une jambe avait constaté que, dans la chambre d'enfant qui serait dorénavant sa maison, il y avait beaucoup d'autres jouets. Son attention fut attirée par un château en carton jaune. Ce château était entouré d'un fossé en miroir. Et deux cygnes nageaient gracieusement dans ce fossé. Ils étaient en cire. Le soldat n'attachait pas tellement d'importance au château, ni aux cygnes. Il regardait surtout la jolie danseuse avec une rose en papier brillant sur sa petite jupe. Elle se trouvait sous le porche du château et tournait inlassablement en rond, sur une jambe, comme seules les danseuses savent le faire.

«Ah! elle ferait pour moi une bonne épouse», se disait le petit soldat de plomb. «Avec son unique jambe et la mienne, nous en aurions deux ensemble, comme tout le monde, et nous ferions une paire superbe.» Evidemment, il ne pouvait pas voir que l'autre jambe de la danseuse était cachée sous sa large jupe. Le petit soldat se dit que, coûte que coûte, il ferait connaissance le soir même avec cette délicieuse jeune fille.

Un peu plus tard, le petit garçon qui avait reçu les soldats de plomb fut mis au lit par sa grande sœur.

Alors, tous les jouets devinrent vivants et se mirent eux aussi à jouer. Ils commencèrent par un combat amical avec les soldats. Et puis, pour montrer qu'ils n'étaient pas fâchés, ils exécutèrent une ronde tous ensemble. Tous les petits soldats y participaient, tous, sauf le petit soldat qui n'avait qu'une jambe. Il savait uniquement rester debout. Il ne quittait pas la jolie danseuse des yeux. Il était trop gêné pour lui parler. La petite danseuse le regarda, et lui fit un gentil sourire. C'est le casse-noix qui,

d'un geste téméraire, fit glisser le verrou qui fermait la boîte et, hop! voilà qu'un vilain petit magicien fit son apparition. Il fut de très mauvaise humeur quand il vit tout ce plaisir autour de lui. De plus, il aimait beaucoup la petite danseuse. Aussi, quand il vit que le petit soldat qui n'avait qu'une jambe ne cessait de la regarder avec admiration, il lui dit très méchamment:

«Et toi le soldat, veux-tu bien regarder devant toi!»

Mais le petit soldat de plomb ne l'écoutait pas, il regardait tout le temps la danseuse, qui elle aussi le regardait toujours. Alors, le magicien, fou de jalousie, saisit son bâton et jeta un sort qui porterait malheur et attirerait ses foudres sur les pauvres têtes du petit

soldat et de la danseuse.

Le lendemain, sans le faire exprès, le petit garçon laissa traîner son petit soldat de plomb sur l'appui de fenêtre. Un coup de vent le fit tomber dehors, dans la rue. La baïonnette de son fusil se ficha entre deux pavés, et le petit soldat se retrouva prisonnier la tête en bas, son unique jambe dressée, sans défense. Le petit garçon sortit pour partir à sa recherche, mais on lui dit de rentrer, car c'était l'heure de manger. Il n'eut pas le temps de regarder attentivement autour de lui, et rentra.

Soudain, il se mit à pleuvoir très fort. Lorsque l'averse fut passée, deux garnements passèrent par là. Ils sautaient de flaque en flaque.

«Regarde, un soldat de plomb!» fit l'un d'eux, les yeux brillants. «Ce sera le capitaine de notre bateau en papier!»

Ils le placèrent vite dans la frêle embarcation. Cette embarcation se mit à flotter dans la rigole. Elle était emportée très vite, et disparut bientôt dans l'eau bouillonnante. Le voyage continuait, avec des heurts et des malheurs, mais le petit soldat garda fièrement sa position, jusqu'à ce que le petit esquif ait enfin atteint des eaux plus calmes. Tout danger n'était pas encore écarté, car soudain un énorme rat d'eau fit son apparition dans une canalisation. Il dirigea sa patte avant vers le petit soldat de plomb et siffla:

«Eh! où est ton passeport? Donne-le

tout de suite! Tu ressembles à ceux de la dératisation, et ceux-là on n'en veut pas ici!»

Le petit soldat de plomb ne répondit pas. Il tenait fermement son fusil, qui dat de plomb disparut dans les profondeurs.

«C'est la fin», se dit le petit soldat. Et pourtant, ses aventures n'étaient pas encore terminées. Car il arriva tout

depuis sa chute entre les pavés était tout courbé. Soudain, un nouveau fleuve s'écoula, emportant l'esquif à toute vitesse. Le rat en resta le souffle coupé. Au moment où le petit soldat de plomb se demandait s'il n'allait pas donner l'ordre «repos», un nouveau bruit retentit. L'instant d'après, le petit bateau était emporté par un tourbillon, et précipité dans une canalisation plus grande. Celle-ci débouchait dans la mer. Le petit esquif était poussé et tiré dans tous les sens, il se cognait à tout moment, et finit par sombrer. Il était totalement trempé et déchiré. Le petit sol-

droit dans la bouche d'un énorme cabillaud, et disparut avec lui dans la mer. Soudain, le cabillaud vit quelque chose de gras et brillant qui se tortillait devant lui, attaché à un crochet! Et parce qu'il était un cabillaud et qu'il ne connaissait pas autre chose, il avala l'hameçon d'un coup. La ligne à laquelle était fixé l'hameçon fut remontée et, comme vous pouvez bien le deviner, le cabillaud termina son existence sur une grande assiette blanche. En nettoyant le cabillaud, la cuisinière trouva le petit soldat de plomb dans l'estomac du poisson. Elle l'apporta immédiatement

dans la chambre des enfants, là où se trouvent les jouets. Et, croyez-le ou non, cette chambre était celle du petit garçon qui l'avait perdu le matin même!

De la place d'honneur qu'il reçut à table, le petit soldat pouvait admirer le château entouré d'un fossé. Et, comble de bonheur, il pouvait voir la petite danseuse. Elle tournait toujours aussi gracieusement sur elle-même, perchée sur un pied.

Lorsque le petit garçon vint dans la chambre de jeu et aperçut le petit sol-dat qu'il avait perdu, il le prit dans sa main et se mit près du feu en le caressant avec gentillesse. À ce moment, sa petite sœur entra dans la pièce et donna un petit coup au crochet qui fermait la boîte du petit diable pour effrayer son frère.

Et hop! voilà le magicien qui sort de la boîte et, avec son bâton, frappe le petit garçon à l'oreille. Celui-ci s'effraye, fait un bond, et laisse tomber son soldat de plomb.

Le soldat atterrit précisément dans le feu.

Quand la peinture de son bel habit se mit à fondre, il resta stoïquement au garde-à-vous; seuls ses yeux envoyaient un au revoir pathétique à la petite danseuse, qui se penchait vers lui en tendant les bras. Elle en perdit l'équilibre, et tomba près de lui dans les flammes. Heureusement, dans la chambre des enfants habitait aussi une bonne fée, qui descendait une fois par an pour être placée au sommet de l'arbre de Noël. Quand elle entendit les cris de frayeur du petit garçon et de sa petite sœur, elle sortit aussitôt de sa boîte. Elle se glissa jusqu'à la boîte du petit diable. Et, à un moment où les enfants ne regardaient pas, elle referma le petit crochet, et le magicien se retrouva enfermé. Puis elle fit tournoyer son bâton magique et chuchota:

«N'ayez pas peur, petit soldat et gentille danseuse! Vous continuerez à vivre, ailleurs.»

Tandis que la bonne fée disait ces mots, sur un chemin, un petit peu à l'écart de la ville, un soldat marchait d'un bon pas. Il était vêtu d'un bel habit rouge et bleu. Et à l'autre bout du chemin, une gentille jeune fille avançait en dansant joyeusement. Ils s'arrêtèrent l'un en face de l'autre, se regardèrent et, avec un cri de reconnaissance, se jetèrent dans les bras l'un de l'autre…

Le lendemain matin, quand le petit garçon regarda les cendres du feu, il ne trouva rien d'autre du soldat et de la petite danseuse qu'un petit morceau de plomb en forme de cœur et une rose en papier d'argent, qui n'avaient pas été dévorés par les flammes.

Les Fleurs dansantes

Il était une fois une gentille petite fille. Elle s'appelait Ida. Elle habitait la même maison que ses deux cousins, Jean et Adam.

Jean et Adam aimaient beaucoup taquiner leur cousine, ce qui n'était pas très gentil de leur part.

La petite Ida avait toujours beaucoup de questions à poser et Jean, le plus âgé des deux garçons, lui donnait des réponses biscornues. Pour le plus grand plaisir des garçons, Ida croyait tout ce que Jean lui racontait. Un jour, Ida vit que les fleurs de la maison laissaient tristement pendre leur tête.

«Pourquoi sont-elles en train de mourir?» demanda la petite Ida à son cousin Jean.

«Comment, tu ne sais pas cela?» lui répondit Jean en faisant l'étonné.

«Non, je ne sais vraiment pas!» et elle lui demanda de lui expliquer.

Jean, qui savait très bien inventer des histoires, fit un clin d'œil à son frère et dit:

«Les fleurs baissent la tête parce qu'elles ont dansé trop longtemps hier soir, au bal des fleurs.»

La petite Ida était ravie.

«Je ne savais pas que les fleurs pouvaient danser!»

«Et comment! Pas qu'un peu!» assura Jean. «Il y a souvent un bal des fleurs au palais royal. Il a lieu quand le roi ne dort pas au palais. Les fleurs des plus beaux jardins de la ville s'y rendent et, quand elles sont toutes là, c'est merveilleux à voir.»

«Oh! raconte-moi!» le supplia Ida.

Adam, qui avait déjà souvent entendu Jean raconter des histoires, alla au jardin pour essayer son nouvel arc et ses flèches.

La petite Ida s'assit aux pieds de son cousin Jean pour mieux écouter. Jean, de bonne humeur, commença son histoire.

«Quand les fleurs arrivent près du palais du roi, elles choisissent les deux plus belles parmi elles. Ce sont en général des roses. Une des roses devient le roi et l'autre devient la reine. Les roses prennent place sur le trône du vrai roi et de la vraie reine et les fous forment deux rangées, de chaque côté, et ils s'inclinent respectueusement devant le couple royal.»

«Pourquoi?» demanda Ida.

«Parce que ce sont les ministres», dit Jean très sérieusement. «Le bal commence avec les violons. Les messieurs en habit de soirée demandent aux dames de leur accorder une danse. Ce sont en général des tulipes ou des lys avec ici et là un jeune crocus.»

«Mais ont-elles le droit de danser au palais royal?» demanda la petite Ida crédule.

«Non, en fait, elles ne peuvent pas.

Mais elles font très attention pour ne pas se faire surprendre», dit Jean. «On entend arriver le garde du palais de très loin, parce qu'il porte un énorme trousseau de clés qui font beaucoup de bruit. Cela donne toujours le temps aux fleurs de sauter dans les vases avant qu'il n'entre dans la salle de bal. Généralement, il ne remarque pas ce qui se passe.»

La petite Ida se tut un moment. Puis elle demanda:

«Comment cela se fait-il que je n'aie jamais vu les fleurs se rendre au palais du roi?»

«Mais tu les as certainement souvent vues y aller», dit Jean, bien lancé dans son histoire. «Mais quand elles partent en voyage, elles se changent d'abord en papillons.»

Ida était très contente de cette explication, mais elle voulut encore en savoir davantage.

«Comment savent-elles qu'un bal va être organisé?»

«Elles se le disent dans leur propre langue, en se secouant et se penchant dans le vent.»

La petite Ida courut aussitôt vers la fenêtre.

«Oui, c'est vrai, Jean!» cria Ida. «Je vois le professeur de botanique qui habite à côté, il est en train de parler à une fleur dans son jardin! Regarde toi-même!»

Jean vint se placer à côté d'elle et vit le professeur qui parlait tout seul en cueillant un coquelicot rouge, à côté d'une ortie. Au moment où il le faisait, un coup de vent poussa l'ortie contre sa main. Le professeur jeta le coquelicot et marmonna un tas de vilaines choses. Il continua sa route en se léchant les doigts.

«Tu vois», fit Jean triomphalement, «cette ortie est le père du coquelicot, et il a puni le professeur en le piquant, parce qu'il essayait de voler sa jolie fille.»

«Comment est-ce possible?» fit Ida tout étonnée. Elle croyait vraiment tout ce que Jean lui racontait.

«Il n'y a rien de vrai dans tout cela», dit la maigre femme, raide comme un bâton, portant un chapeau noir, qui venait d'entrer dans la pièce.

«Je venais parler avec ta mère, mon garçon», dit-elle à Jean. «J'ai entendu toutes les bêtises que tu racontais à cette pauvre petite fille. Ce ne sont que des mensonges, tu devrais avoir honte, garnement!»

D'un air très sévère, elle alla s'asseoir dans le divan. Elle planta une longue épingle dans son chapeau, comme si lui aussi devait être puni.

Jean était complètement abasourdi d'entendre ces réprimandes. Il partit vite à la recherche de son frère Adam, en laissant la petite Ida seule avec la vieille dame.

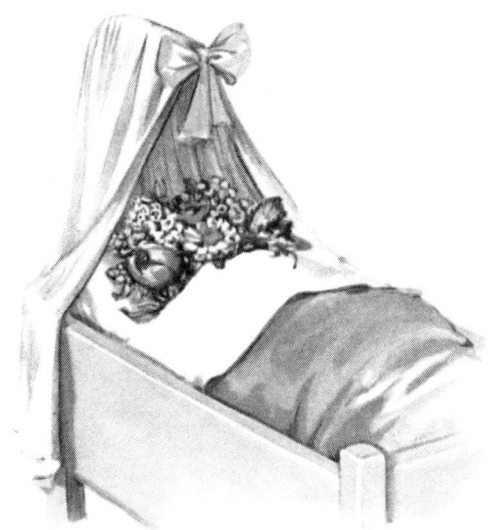

Ida n'était plus tout à fait sûre que Jean n'ait pas inventé toute l'histoire. Mais elle aimait encore davantage les jolies fleurs parfumées.

Elles ont certainement aussi des sentiments, même si ce n'est pas comme

nous. Avant de se coucher, elle prit quelques-unes des fleurs fanées du vase, et les mit dans son berceau de poupée. La poupée Sophie devrait se contenter, cette nuit, d'une place dans le divan du salon.

«Tu sais, Sophie, elles sont épuisées d'avoir tellement dansé», lui expliqua Ida quand elle alla elle-même se coucher.

Ida ne parvenait pas à dormir. Elle voulait absolument voir les fleurs fanées se redresser pour pouvoir de nouveau aller danser. Soudain elle sursauta, écoutant attentivement. N'était-ce pas le piano du salon qu'elle entendait jouer doucement? Un instant plus tard, Jean et Adam étaient réveillés en sursaut par la petite Ida en chemise de nuit, tout excitée.

«Les fleurs sont en train de danser! Je les entends dans le salon», chuchota-t-elle. «Ne ris pas, Adam, tu vas réveiller maman et papa. On devra se recoucher et on ne pourra plus rien voir!»

«Tu racontes des bêtises», dit Jean, qui essayait de se souvenir du beau rêve qu'il était en train de faire. «Retourne dans ton lit!»

«Mais tu m'as raconté tellement de choses au sujet des fleurs», dit Ida, encore tout excitée et sautant à pieds joints. «Allons, viens avec moi!»

«Mais ce n'était qu'une histoire», admit Jean. «Les fleurs ne dansent pas vraiment.»

«Mais si!» insista Ida. «Je les entends!»
Avec un soupir, Jean sortit du lit.

«Bon, nous allons descendre dans le salon, et tu verras bien qu'il est vide», dit-il à sa petite cousine.

Ils descendirent l'escalier sans faire de bruit, et ouvrirent tout doucement la porte du salon.

Une surprise les y attendait. La pièce était éclairée par la lumière argentée de la lune. Que c'était beau! Toutes les fleurs étaient sorties de leur vase, et dansaient dans la pièce. Elles agitaient leurs feuilles en cadence, au rythme du piano. Les jacinthes se faisaient face avec leur belle coiffure, les tulipes avec de larges jupes avaient étalé leurs feuilles pour exécuter une danse. Derrière les enfants qui regardaient avec étonnement dans la pièce, on entendait le bruit de petites voix. Elles étaient douces comme le vent qui souffle à travers les branches. Les fleurs qu'Ida avaient mises dans son berceau descendaient l'escalier à la hâte.

«Attendez-nous!» criaient-elles. «Nous sommes bien reposées et nous voulons aussi participer à la fête!»

Elles se faufilèrent entre les jambes des enfants. Chacune choisit une autre fleur avec laquelle danser. Une statuette de berger et une poupée en porcelaine de Saxe, qui se trouvaient sur la table, s'animèrent tout à coup. La dame sauta de la table et monta l'escalier pour se rendre à la chambre d'Ida. Mais elle redescendit très vite. Elle chevauchait la petite cravache d'Ida, et volait comme sur un balai de sorcière. Les enfants avaient dû baisser la tête pour qu'elle passe la porte. Elle portait un chapeau noir qu'elle avait emprunté aux poupées d'Ida.

Lorsqu'elle arriva dans la chambre, la petite dame descendit de sa cravache. Elle sautilla juste devant Jean et lui fit une révérence moqueuse, en tenant le grand chapeau noir avec ses deux mains.

«Ce ne sont que des mensonges», fit-elle d'une voix stridente. Elle imitait à merveille la dame maigre de tout à l'heure. «Tu devrais vraiment avoir honte de toi.»

Les fleurs éclatèrent de rire, et Ida ne put s'empêcher de sourire quand elle vit la tête étonnée de Jean.

On entendit un coup impatient frappé à la porte. Le berger alla voir ce qui se passait. C'était Sophie, la poupée, qui entrait, bien qu'elle ne fût pas invitée, et elle ne se gênait pas pour exprimer son mécontentement.

«Pourriez-vous m'accorder cette danse, madame?» demanda le berger.

«Non, vous ne pouvez pas», dit Sophie très fâchée. «Je ne vais pas danser ces stupides danses avec vous. Laissez-moi

tranquille. Je suis fâchée!»

La fête battait maintenant son plein, les fleurs faisaient des rondes, et personne ne faisait plus attention à Sophie, ce qui ne lui plaisait pas du tout.

En soupirant bruyamment, elle se laissa tomber sur le sol, ce qui occasionna tellement de trouble que tout le monde s'occupa d'elle. C'est d'ailleurs ce que la poupée avait voulu. C'étaient surtout les fleurs qui avaient pu dormir dans son lit qui s'affairaient autour d'elle. Sophie appréciait beaucoup le fait que tout le monde s'occupe d'elle, et bientôt elle se remit à danser avec les autres.

«Regarde un peu qui est à la porte», cria soudain Adam.

Les enfants se mirent sur le côté pour laisser un passage vers la salle de bal. En tête du cortège se trouvait une belle rose, qui amenait avec elle un élégant bouton de rose. Ils portaient tous les deux une petite couronne et, à voir le respect que les autres leur témoignaient et les révérences qu'on faisait à leur passage, on se doutait bien que c'étaient là le roi et la reine des fleurs. Ils étaient suivis par un cortège de coquelicots et de pivoines. Celles-ci soufflaient dans des trompettes, faites en cosses de petits pois. Les perce-neige et les jacinthes faisaient tinter leurs clochettes. Les fleurs dansaient, aériennes, et passaient devant les enfants éblouis par les figures qui tournoyaient devant eux.

Après qu'ils eurent fermé doucement la porte, Jean ramena les deux autres enfants dans leur lit. Ils étaient tellement étonnés qu'ils ne soufflaient mot et se couchèrent tout de suite.

Le lendemain, on aurait dit que tout cela n'avait été qu'un rêve, car les fleurs pendouillaient tristement dans leur vase. La petite Ida reprit sa poupée Sophie.

«Es-tu aussi allée au bal des fleurs?» demanda Ida, mais la poupée ne répondit pas.

Jean non plus ne laissa rien paraître des événements de la nuit précédente, et refusa d'en parler avec son frère Adam, ainsi qu'avec la petite Ida, tellement il était étonné que ses histoires soient devenues réalité. Il aida cependant Ida et Adam à rassembler les fleurs fanées, et ils escortèrent ces compagnes d'une nuit jusqu'à l'arrière du jardin, en leur faisant une haie d'honneur avec leurs arcs et flèches.

Là, ils enterrèrent solennellement les fleurs pour que, peut-être, les racines repoussent et donnent de nouveaux jets l'année prochaine, pour faire revivre ainsi les fleurs.

Ensuite, les garçons tirèrent une salve de flèches comme ultime salut, en

l'honneur des fleurs qui avaient vécu leur courte vie en dansant. Depuis ce temps, Jean n'osa plus jamais raconter de si belles histoires à Ida! Il avait bien retenu la leçon!

Les Cygnes sauvages

Il était une fois un roi. Un jour sa femme mourut. Le roi resta seul avec douze beaux enfants. Tout le monde aimait ces enfants. Quand les onze princes se rendaient à l'école, avec leur plumier en or et leurs livres marqués d'une couronne en or, tout le monde les regardait avec admiration. Les onze princes avaient une seule sœur, la princesse Éliza. La petite fille suivait ses leçons dans le palais. Pour cela, elle s'asseyait sur des coussins en plumes. Le soir, ses frères rentraient à la maison et Éliza les accueillait avec beaucoup de joie. Mais cette vie agréable prit brutalement fin quand leur père décida de se remarier. La nouvelle reine était une méchante femme, qui devint très vite jalouse de ses beaux-enfants, et elle décida de les éloigner du roi. À l'occasion de leur mariage, on organisa une grande fête au palais, et les enfants royaux qui, comme tous les enfants, aimaient les sucreries, étaient très excités. Quelle

ne fut pas leur désillusion lorsqu'ils trouvèrent dans leur assiette un petit morceau de gâteau dur. C'est la nouvelle reine qui avait fait cela.

C'en était trop pour le plus petit des princes, et il éclata en sanglots. Le roi ne voulut rien entendre et lui fit immédiatement quitter la table. Car on s'attend à ce que les princes mangent toujours proprement à table et se comportent discrètement, même s'ils sont encore très jeunes.

«Voilà ce que je disais toujours», fit remarquer la méchante femme au roi. «Tes enfants sont méchants et ennuyeux, et il faut les envoyer loin d'ici pour qu'ils apprennent les bonnes manières.»

Le roi hésitait, mais il donna finalement son accord et, quand la fête fut finie, la reine emmena les princes dans un endroit reculé du jardin du palais.

«Bande de bons à rien, quittez cet endroit et partez ailleurs dans le monde», leur cria-t-elle. «Je vous jette un mauvais sort! Qu'il vous pousse des ailes et envolez-vous!»

Quand la méchante belle-mère eut crié ces mots-là, les onze princes se transformèrent en onze magnifiques cygnes blancs, qui étendirent leurs superbes ailes avec un cri de désespoir et s'envolèrent haut dans le ciel au-dessus du toit du palais.

La petite Éliza fut envoyée dans une famille de paysans quelque part dans le pays.

Quand tout fut terminé, la reine dit au roi que les enfants étaient retournés à l'école. Cette nuit-là, Éliza était dans son lit, dans la simple hutte des paysans. Elle dormait très profondément. Tellement profondément qu'elle n'entendit pas que onze cygnes blancs at-

terrissaient sur le toit de la cabane. Elle ne vit pas non plus comment les oiseaux passaient leur long cou à travers la fenêtre de la chambre. Après qu'ils se furent assurés que leur petite sœur allait bien, les cygnes s'envolèrent vers un grand bois, tout près de la mer.

Les jours suivants, Éliza, qui n'avait pas de nouvelles de ses frères, se demanda ce qui s'était passé. Un jour où elle se trouvait dans le jardin, elle regarda le soleil à travers les trous d'une feuille. Elle s'imagina que les onze princes lui souriaient, à travers l'éclat du soleil. La petit brise légère qui lui caressait le cou ressemblait à la caresse de leurs doigts.

Tout le monde dans les environs aimait beaucoup Éliza. Même les abeilles, qui étaient toujours occupées, s'arrêtaient entre les roses et demandaient:

«Qui dans le monde est plus jolie que vous?»

Et les roses répondaient honnêtement, sans une trace de jalousie:

«La petite Éliza, pour sûr!»

Les tiges de roseaux penchaient leur épi au-dessus de l'eau en lui susurrant:

«Qui au monde est encore plus limpide que toi?»

Et l'eau répondait:

«La petite Éliza, bien sûr!»

Les années passèrent, et Eliza restait une très gentille jeune fille. Quand elle eut quinze ans, le roi voulut qu'elle revienne chez lui. Il voulait savoir si sa fille avait bien travaillé à l'école. Il dit à sa femme qu'elle devait faire venir la princesse au palais. La méchante femme fut très contrariée d'entendre cela, car elle avait peur que la princesse ne raconte à son père qu'elle avait habité tout ce temps chez des paysans au lieu d'aller à l'école.

«Je vais la rendre si vilaine que le roi ne reconnaîtra plus sa fille», se dit-elle, et elle envoya un serviteur chercher Éliza.

Quand la jeune fille revint au palais après sa longue absence, elle fut bien accueillie par sa belle-mère. Mais cette gentillesse cachait de la méchanceté.

«La jolie fille du roi doit d'abord être

baignée et habillée avant de rendre visite à son père», dit la reine.

Pendant qu'Éliza déballait ses pauvres affaires, la belle-mère se dépêcha d'aller à la salle de bains avec trois crapauds hideux dans les mains.

«Saute sur la tête d'Éliza, de sorte qu'elle devienne aussi bête que toi», chuchota-t-elle au premier crapaud. «Saute sur le visage d'Éliza, afin qu'elle devienne aussi laide que toi», ordonna-t-elle au deuxième crapaud avant de le lancer dans l'eau. «Saute sur le cœur d'Éliza», dit-elle au troisième crapaud, «afin qu'elle devienne aussi froide et insensible que toi et moi».

Quand les trois crapauds visqueux na-

gèrent dans l'eau du bain, elle se transforma en une masse verdâtre, de sorte qu'on ne les vit plus.

Un instant plus tard, Éliza entra dans la salle de bains et, sans regarder l'eau, elle plongea directement dans le bain. Sans attendre, les crapauds lui sautèrent au front, au visage et au cœur, mais Éliza était une fille tellement gentille que le mauvais sort des crapauds ne put rien lui faire. La bonté de la jeune fille était tellement grande que les trois crapauds disparurent, et se transformèrent immédiatement en trois coquelicots, qui laissaient flotter délicatement leurs têtes rouges hors de l'eau.

Quand Éliza se fut rhabillée, la reine entra dans la pièce. Elle fut furieuse quand elle vit que son plan maléfique avait échoué. Elle abandonna sa fausse gentillesse et se mit à enduire le visage de la jeune fille avec de la suie, de sorte qu'elle ressemblait plus à une bohémienne qu'à une princesse.

Quand le roi la vit, il refusa de croire que c'était là sa fille.

«Chassez-la immédiatement d'ici!» ordonna-t-il, effaré de ce qu'il voyait.

Et avant qu'elle eût eu le temps de poser des questions au sujet de ses frères disparus, la jeune fille fut traînée hors de la salle du trône et les soldats la jetèrent hors des portes du palais, où el-

le entendit résonner le rire méchant de la reine.

«Qu'est-il arrivé à mes frères?» se demandait Éliza en pleurant. «Il faut que je les retrouve.»

Et elle s'enfuit aussi loin que possible du palais. Quand le soir fut tombé, elle s'effondra épuisée sur la mousse du bois.

De gentils petits vers luisants s'approchèrent alors d'elle. Ils virent qu'Éliza avait un gros chagrin. Ils formèrent un cercle autour d'elle et l'apaisèrent jusqu'à ce qu'elle s'endorme.

Le matin suivant, elle fut réveillée par le doux chant des oiseaux dans les arbres et l'air parfumé qui enveloppait les herbes et les plantes. Elle entendait au loin le chuchotement d'un petit ruisseau. Éliza se leva et courut jusqu'à l'eau. Quand elle se vit dans l'eau claire, elle vit que sa peau était noire comme du charbon et que ses beaux cheveux dorés étaient tout emmêlés et recouverts de suie. La jeune fille se mit à pleurer tant elle était effrayée de se voir ainsi.

«Viens jusqu'à moi», lui chuchota le petit ruisseau. C'était le même ruisseau qui coulait près de la ferme. «Je peux te rendre ta beauté, princesse.»

Éliza tendit les bras et sauta dans l'eau fraîche. Bien vite, toute la suie eut disparu. Alors Éliza alla s'asseoir sur la rive, dans les rayons de soleil, et un peu plus tard elle avait retrouvé son aspect d'avant, ses cheveux blonds tressés en une épaisse natte dans le dos.

Éliza continua sa route dans la forêt.

De temps en temps elle s'arrêtait pour cueillir des baies sur les buissons. Vers le soir, elle rencontra une vieille femme qui portait un panier de fruits, et qui lui donna un peu à manger. Éliza lui en fut très reconnaissante.

«Dis-moi, vieille femme, n'as-tu pas rencontré quelque part onze princes?» La vieille femme secoua la tête:

«Ce que j'ai vu, ce sont onze cygnes avec une couronne en or; ils nagent pas loin d'ici.»

«Comme c'est étrange», se dit Éliza. «J'aimerais bien les voir, moi aussi. Pourrais-tu me montrer le chemin?» La vieille femme lui indiqua comment elle devait s'y rendre. Et Éliza arriva enfin à la plage. Elle trouva tout à fait par hasard onze plumes blanches de cygnes, qui avaient été déposées sur la plage par les vagues. Tandis que les vaguelettes couraient sur ses pieds, Éliza regarda l'océan devant elle. Elle tenait ses mains devant ses yeux pour regarder le soleil; très loin, au bord de l'horizon, elle vit de petits traits noirs qui se détachaient sur le soleil couchant. Quand ces points noirs se rapprochèrent et devinrent de plus en plus grands, elle vit que c'étaient onze cygnes blancs qui volaient en ligne droite vers elle. Ils avaient une couronne sur la tête. Ils descendirent en vol plané vers Éliza, pendant que les derniers rayons du soleil se reflétaient sur l'eau. Au même moment, les

plumes blanches des cygnes tombèrent autour d'elle en formant un nuage blanc. Et sur la plage se trouvaient
onze princes, qui s'étaient transformés
maintenant en onze beaux jeunes
gens. Même le plus jeune, qui leur
avait causé tant de soucis, était devenu
un superbe garçon de douze ans. Les
enfants étaient tout heureux de se retrouver après de si longues années.
Quand la première excitation fut passée, le prince aîné raconta à sa petite
sœur ce qui s'était passé pour lui et ses
frères.

«Tu vois, Éliza, tant que le soleil n'est
pas couché, nous sommes changés en
cygnes, et nous devons voler», lui expliqua-t-il en l'entourant de ses bras.
«Mais dès que le soleil est couché,
nous redevenons des hommes.»
«Et si à ce moment vous êtes encore
en l'air, que se passe-t-il?» demanda
Éliza.
«C'est là que réside le danger, car
nous serions changés en hommes en
plein vol. Et nous nous écraserions»,
dit un des frères. «Nous faisons attention de nous poser avant que le soleil

n'ait complètement disparu.»

«Nous ne pouvons pas revenir dans le royaume de notre père», dit le plus jeune des princes, «parce que nous avons peur que cette affreuse belle-mère ne nous tire dessus. Hier, nous avons encore effectué un vol au-dessus du palais, mais elle a demandé aux soldats de tirer sur nous; heureusement ils nous ont ratés.»

«C'est aussi pour cela que nous ne pouvons pas non plus abandonner Éliza ici, car si la reine apprend qu'elle est là, c'en est fait d'elle», dit un autre frère.

«Pourquoi ne pas la transporter de l'autre côté de la mer?» proposa un des autres frères.

«C'est très loin, dit le plus jeune prince. Imagine-toi un peu que le soleil se couche pendant que nous volons encore au-dessus de l'eau!»

«Il faudra pourtant que nous réussissions», dit le frère le plus âgé.

«De toute manière, nous ne pouvons pas abandonner Éliza ici.»

Les frères rassemblèrent, toute la nuit durant, des branches et des tiges avec lesquelles ils tressèrent une sorte de filet. Il était assez solide pour pouvoir transporter Éliza vers le royaume situé de l'autre côté de la mer. Seul le plus petit frère alla dormir, la tête sur les genoux d'Éliza.

Quand le soleil se leva, le filet venait d'être terminé et Éliza le remarqua

quand elle caressa la tête d'un des cygnes. Les frères étaient tous changés en cygnes. Après avoir pris le filet dans leur bec, ils invitèrent Éliza à monter dedans. Ils s'envolèrent et

plus petit cygne volait devant la tête d'Éliza, pour la protéger des rayons du soleil. De temps en temps il laissait tomber un fruit dans le filet pour qu'Éliza puisse manger. Très loin au-dessous d'elle, elle aperçut un navire. Il ne semblait pas plus grand que l'un de ses jouets. Éliza lui fit signe en sou-riant. Parfois ils volaient pendant des heures à travers les nuages. Mais le fi-let pesait de plus en plus lourd. Les cygnes volaient de plus en plus lente-ment. Et le soleil descendait de plus en plus sur l'horizon. Dans peu de temps il aurait complètement disparu. Éliza s'en rendait compte et elle trem-blait de peur. Quand le soleil serait couché, ses frères redeviendraient des hommes. Et elle n'apercevait toujours pas le plus petit morceau de terre.

montèrent très rapidement très haut dans le ciel, la jeune fille entre eux. Le

Il faisait de plus en plus sombre. De gros nuages d'orage s'amoncelaient à l'horizon et rendaient la lumière très faible. Les cygnes volaient de plus en plus bas.

«Nous allons tomber!» hurlait Éliza. La mer semblait dangereusement proche.

Mais les cygnes venaient d'apercevoir un petit rocher qui dépassait. Rassemblant leurs dernières forces, ils tentèrent de l'atteindre. Au moment même où le dernier rayon de soleil disparaissait derrière l'horizon, ils déposèrent Éliza sur le sol. Au même moment ils se transformèrent en êtres humains. Ils se retrouvèrent assis à douze sur un très petit morceau de rocher, et y passèrent la nuit, alors que les vagues venaient lécher leurs pieds. Le matin suivant, les frères se changèrent de nouveau en cygnes et ils purent continuer leur voyage avec Éliza. Pendant le voyage, un énorme nuage descendit sur eux. Lorsqu'ils se furent rapprochés, Éliza vit avec étonnement briller les tours pointues d'un château. Ce château était construit sur un nuage.

«Est-ce là que nous allons?» demanda-t-elle à ses frères, mais ceux-ci secouèrent négativemant la tête, car ils savaient que c'était là qu'habitait la fée Morgane. Et cette fée n'aimait pas

du tout recevoir de la visite.

Peu de temps après, ils atteignirent la rive et, d'en haut, ils découvrirent un pays magnifique, avec des montagnes bleues et des forêts de cèdres odorants.

Les frères cygnes essayèrent de trouver dans le pays une grotte sèche et chaude. C'est là qu'ils déposèrent Éliza. Cette nuit-là, les frères partirent à la chasse. Ils ramenèrent du gibier et Éliza leur prépara le repas. Après avoir mangé, ils s'endormirent tous ensemble dans la grotte. Ils étaient très contents et satisfaits. Seule Éliza resta longtemps éveillée. Elle réfléchissait pour essayer de trouver une manière de délivrer ses frères du sortilège qui les envoûtait.

Finalement, elle aussi s'endormit. Elle fit cependant un rêve étrange. Dans ce rêve, elle était dans les airs et elle atteignait le château qui était construit sur un nuage. Juste au moment où elle se trouvait au-dessus de lui, elle tombait du filet aux pieds d'une gentille dame, qui tenait une baguette dans la main. La dame avait l'air jeune et rayonnante, mais elle avait le même visage que la vieille dame dans la forêt, celle qui lui avait donné une pomme. Elle tendit sa main et Éliza se leva.

«Je suis la fée Morgane», dit-elle d'une voix chaude et profonde. «Que veux-tu de moi?»

«Je n'ai qu'un souhait», dit Éliza, «c'est que mes frères puissent échapper au sort que notre belle-mère leur a jeté.»

«Tu peux briser toi-même ce sort, si tu le veux, Éliza... Mais fais attention, cela te donnera beaucoup de mal et te coûtera beaucoup d'efforts», dit la fée. «Tu vois les orties que j'ai dans la main? Il y a en a beaucoup qui poussent près de la grotte où tu dors, et aussi dans les cimetières. Tu dois les cueillir de tes mains nues, et les écraser avec tes pieds nus. Elles se transformeront alors en lin vert, avec lequel tu tisseras onze manteaux avec de longues manches. Jette ces manteaux sur les cygnes blancs, et le sort sera rompu. Mais souviens-toi d'une chose: il te faudra de longs mois avant d'être prête. Pendant tout ce temps, tu ne pourras parler à personne. Tu ne pourras le faire que quand tout sera prêt. Si tu désobéis, les cygnes disparaîtront à tout jamais.»

Après avoir entendu ces paroles, Éliza se réveilla d'un seul coup.

Elle remarqua qu'elle était toujours dans la grotte. Ses frères étaient redevenus des cygnes et volaient haut dans le ciel. Éliza sortit de la grotte, et cueillit un tas d'orties. Que cela faisait mal! Mais elle le faisait volontiers pour ses frères. Avec ses pieds nus, elle foulait les orties pour obtenir un fil très fin. Puis elle revint à la grotte.

À la plante des pieds elle avait des ampoules très douloureuses. Mais elle continuait à tisser, du matin au soir. Les cygnes revenaient quand le soleil avait disparu, et se changeaient en hommes. À leur grand étonnement, Éliza ne voulait pas leur raconter ce qu'elle était en train de faire. En silence, elle tissait pendant toute la nuit. Les frères voyaient bien que ses mains et ses pieds étaient couverts d'ampoules, et ils supposaient qu'elle était occupée à faire quelque chose pour les aider. Ils trouvaient cela très gentil de la part d'Éliza! Le plus petit frère mettait en pleurant sa tête sur les mains et les pieds d'Éliza et, là où tombaient ses larmes, les ampoules disparaissaient. Le jour suivant, lorsque les frères étaient partis, Éliza continuait à tisser les manteaux. Un jour, pendant qu'elle était occupée à tisser, elle entendit à l'entrée de la grotte le son d'un cor de chasse. Le jeune roi du pays fit soudain son apparition dans l'entrée de la grotte avec ses chiens et

ses chasseurs. Il fut très étonné de trouver la jolie jeune fille dans la grotte. Éliza continuait à tisser, et ne répondit pas aux questions du roi. Tous les chasseurs remarquèrent très rapidement que leur roi trouvait la jeune fille très jolie et gentille. Le roi se dirigea vers elle. Les courtisans restèrent à l'entrée de la grotte. Ils étaient très curieux de voir comment cette étrange

rencontre allait se terminer. «Cette jolie jeune fille deviendra certainement la femme du roi», pensaient-ils. Le roi serait alors très content. Cela faisait longtemps que les gens du pays se demandaient qui deviendrait la reine du royaume. Tout le monde savait que de nombreuses princesses avaient été présentées au roi, mais qu'il n'en avait encore choisi aucune.

Le roi était un homme charmant. Il espérait rencontrer un jour par hasard une gentille princesse. C'est de cette manière que cela arrivait dans les contes de fées, n'est-ce pas? Quand le roi n'était encore qu'un petit garçon, il avait lu beaucoup de livres de contes. Les chasseurs du roi attendaient avec impatience pour savoir ce qui allait se passer. Le roi venait-il enfin de trouver la princesse de ses rêves? Les chasseurs ne durent pas attendre très longtemps.

Le roi s'agenouilla et déposa un baiser sur la main d'Éliza. Il lui dit très doucement:

«Cette grotte n'est pas un endroit pour une si jolie fille. Veux-tu venir avec moi et devenir ma reine?»

Éliza ne pouvait pas expliquer qu'elle préférait de loin rester dans la grotte pour attendre ses frères.

Comme Éliza continuait à se taire de manière très polie, le roi pensa qu'elle était d'accord pour devenir sa femme. Il mit Éliza devant lui sur la selle de son cheval et traversa les montagnes bleues pour arriver au palais. Là, les femmes de chambre l'habillèrent avec du velours et de la soie. Les cheveux d'Éliza furent tressés avec des perles précieuses. Elles lui enfilèrent des gants en cuir très souple. Quand elle fut bien habillée, elle avait l'air encore plus jolie et gentille. Le roi savait maintenant qu'elle n'était pas une fille ordinaire, mais une princesse. Mais ce n'était pas l'avis de la nièce du roi. Elle avait toujours espéré se marier avec le roi. Elle raconta à tous ceux qui voulaient l'écouter qu'Éliza était silencieuse parce qu'elle avait envoûté le roi. On aurait pu croire effectivement que le roi était envoûté, parce qu'il se maria dès la semaine suivante avec Éliza. Ce fut un mariage magnifique.

Le jeune roi fit de son mieux pour divertir la jeune reine. Le palais était entouré de magnifiques jardins, et ils allaient souvent s'y promener ensemble. Des musiciens venaient y jouer de belles chansons. Les chambres du palais étaient décorées avec du mobilier superbe. Pourtant Éliza ne riait jamais. Elle pensait sans cesse à ses frères.

Ce n'est que lorsqu'il donna l'ordre

d'amener les tissus et les fils de la grotte dans sa chambre qu'Éliza se sentit plus heureuse. Chaque jour, elle tissait les manteaux dans sa chambre. Après quelques mois, lorsque le septième manteau fut terminé, elle n'eut plus de fil.

«Il fait très sombre, mais je dois me rendre au cimetière pour y cueillir des orties», décida Éliza. Après avoir enfilé son manteau, elle partit.

Pour pouvoir atteindre le cimetière, elle devait traverser un bois. Tout le monde disait que des sorcières habitaient à cet endroit. Mais Éliza igno-

rait quelque chose, c'est que la méchante nièce du roi l'avait vue partir. Immédiatement, elle se rendit chez le roi, et lui raconta où Éliza était allée.

«Ta femme est partie vers le bois des sorcières pour rendre visite à ses sœurs», lui raconta-t-elle. «Va te rendre compte par toi-même, et tu verras».

Éliza traversa le bois sans rencontrer une seule sorcière.

«C'est une chance», se dit-elle.

Quand elle eut cueilli au cimetière des brassée d'orties, elle se dépêcha de retourner au palais.

Le roi se trouvait à sa fenêtre en train de regarder dehors. Il vit Éliza sortir du bois.

«Ce que ma nièce a raconté est exact», dit-il. «Hélas, ma jolie reine est une sorcière déguisée. Mais je ne peux pas la juger. Seul mon peuple peut le faire.»

Le roi fit rassembler tous ses sujets. Lorsqu'ils furent tous là, la nièce du roi leur parla d'une voix très forte et très fâchée.

«Ce n'est pas une reine!» fit-elle très en colère. «Je l'ai vue revenir d'une réunion de sorcières dans le bois. Nous ne voulons pas d'une sorcière sur le trône de notre pays!»

Les gens furent terriblement consternés quand ils entendirent ces mots. Ils n'arrivaient pas à croire que leur jeune et jolie souveraine était une sorcière. Mais la méchante nièce savait comment s'y prendre pour convaincre les gens.

«Le roi en personne l'a vue alors qu'elle quittait le bois», hurla-t-elle.

Le roi était trop troublé pour dire quelque chose.

«Qu'on lui tranche la tête!» cria la nièce du roi.

«Qu'on lui tranche la tête!» crièrent les sujets.

Sans qu'elle sache pourquoi, Éliza fut traînée quelques instants plus tard hors de sa belle chambre pour être enfermée dans un sombre cachot. Au lieu de coussins, elle reçut le tas d'orties qu'elle avait cueillies dans le cimetière. Et au lieu d'une couette de plumes, elle reçut les manteaux piquants. Comme nourriture, elle ne recevait plus que de l'eau et du pain sec.

Mais les abeilles ne la laissèrent pas tomber, et elles apportèrent à la pauvre fille des petits morceaux de miel frais. Une des abeilles alla chez les cygnes pour leur dire qu'Éliza était en danger. C'est ainsi qu'un jour, Éliza vit un cygne blanc qui passait devant les barreaux. Son cœur s'emballa de joie, car elle était presque certaine que c'était son plus jeune frère qui venait l'aider.

La veille du jour où Éliza allait avoir

se dans une charrette. Elle savait qu'elle n'avait plus que quelques heures à vivre, et elle travaillait fiévreusement à terminer le onzième manteau. Pendant que les gens tiraient la charrette, les doigts d'Éliza couraient en tremblant le long des bords du manteau. Les gens l'insultaient et hurlaient.

«Enlevez-lui son affreux travail, à cette sorcière!»

Ils faisaient sursauter la pauvre fille. Mais quand les gardes voulurent la faire sortir de la charrette, onze cygnes blancs plongèrent subitement sur elle. Ils battaient des ailes et l'entouraient. Les gardes reculèrent effrayés. Éliza prit les onze manteaux et

la tête tranchée, les onze cygnes, sous leur apparence humaine, s'approchèrent du palais. Mais le roi était déjà allé se coucher, et les gardes du palais refusèrent de laisser entrer les frères à une heure aussi tardive. Les frères n'abandonnèrent pas et finalement le roi fut réveillé. Mais quand il arriva enfin dans la pièce où l'attendaient les frères, le soleil se levait déjà au-dessus des montagnes. À son grand étonnement, le roi découvrit qu'il était entouré de onze cygnes, qui s'envolèrent un à un par la fenêtre avant qu'il n'ait pu les en empêcher. Quelques heures après, Éliza fut sortie du cachot et mi-

les jeta sur les cygnes. Au même instant, ses onze frères l'entourèrent en formant un cercle pour la protéger; le plus jeune prince avait un bras et une aile parce qu'il manquait un fil à sa manche. Éliza la termina rapidement. Quand elle eut fini son travail, elle cria:

«Maintenant je ne dois plus me taire! Je ne suis pas une sorcière, mais une princesse, et ceux-ci sont mes frères!»

Le frère le plus âgé raconta alors toute l'histoire au roi, depuis le début. Ce dernier était très heureux, maintenant que tout semblait s'être bien terminé. Éliza était terriblement fatiguée. Elle s'évanouit et tomba par terre; là où sa tête heurta le sol, et où le sang jaillit, fleurit immédiatement un rosier de roses rouges, avec, en son milieu, une rose blanche. Cette rose blanche était aussi pure et innocente qu'Éliza. Le roi cueillit la rose blanche et la passa sur le front d'Éliza. Elle ouvrit les yeux, et prit la rose du roi. C'était le signe qu'ils tenaient beaucoup l'un à l'autre. Les cloches se mirent à sonner, et les oiseaux à chanter. Les gens acclamèrent le roi et la reine quand ils rentrèrent au palais. Les onze princes retournèrent dans leur royaume. Ils racontèrent toute l'histoire à leur père au sujet de la mauvaise conduite de leur belle-mère. Cette méchante femme fut chassée du pays, et ne put plus jamais y revenir.

Éliza vécut heureuse avec le roi et cela encore très très longtemps.

Le Vilain Petit Canard

Il était une fois une maman cane qui couvait patiemment six beaux œufs, en attendant qu'ils éclosent. Quand le moment fut venu, elle sentit cinq coquilles se briser sous elle. Et que vit-elle sortir? Cinq superbes canetons duveteux. Ils étaient affamés! Mais le dernier œuf, qui était aussi le plus grand de tous, restait entier. Alors que les cinq canetons avaient déjà tous dévoré leur premier ver de terre, le sixième œuf n'était toujours pas éclos. Les cinq canetons se regroupèrent bien serrés sous leur maman, et s'endormirent dans le nid bien chaud. Maman cane commençait à se sentir un peu inquiète. Où restait le dernier caneton? Manifestement, ce petit caneton ne s'en faisait pas, et resta encore de longues heures dans l'œuf. Enfin, l'œuf commença à rouler dans l'herbe. La coquille éclata, et qui vit-on sortir? Un vilain petit caneton, tout gris, piteux, avec des yeux tout tristes. Il avançait en titubant sur des énormes pattes palmées.

«Bonté divine!» pensa maman cane effarée. «Il ne ressemble à personne de la famille, ça c'est certain!»
Maman cane avait tout à fait raison. Le vilain caneton ressemblait aussi peu à ses frères et sœurs duveteux qu'une chenille ne ressemble à un papillon. Il n'y avait pas d'autre solution pour maman cane que de mettre ce caneton différent avec le reste de la couvée. Vis-à-vis de ses voisines à la ferme, elle fit comme si de rien n'était. Dès que les six canetons furent assez grands pour quitter le nid, maman cane les emmena faire le tour de la ferme. Cela aurait certainement été une superbe promenade, si ce petit caneton n'avait pas été là. Il trébuchait tout le temps sur ses pattes comiques, et tombait le bec en avant dans la boue. Ses frères et sœurs, et tous les autres animaux, riaient aux éclats en le voyant. Maman cane continuait à avancer. Elle faisait comme si elle n'entendait pas les ricanements dans son dos. Elle se dirigea en droite ligne

vers une meule de foin. C'est là qu'habitait la reine de la cour de la ferme, et maman cane voulait lui rendre visite. La reine était une grande poule.

«Puis-je vous présenter mes nouveaux petits enfants, Majesté?» demanda-t-elle, et tous les canetons baissèrent la tête et dressèrent leur petite queue. Ils faisaient cela de manière très respectueuse, comme on le leur avait appris. Mais le vilain petit canard dressa tellement la tête et baissa tellement la queue qu'il tomba à la renverse. Consternée, la grande poule agita ses ailes.

«Voilà de gentils enfants, Madame Cane», dit-elle d'un ton froid. «Mais si j'étais vous, je ferais quelque chose à ce petit dernier, là au bout. Il semble vraiment ne pas connaître les bonnes manières!»

Le petit canard laissa tristement pendre sa tête. Les cinq autres canetons étaient terriblement en colère contre lui. Comment osait-il être aussi impoli! Après cet incident, plus personne ne s'occupa de lui. Aucun autre animal ne voulait avoir affaire à un si vilain petit canard. Ses cinq frères et sœurs l'ennuyaient tout le temps, et même maman cane lui faisait bien sentir qu'elle ne tenait pas à lui. Bientôt la situation ne fut plus supportable pour le petit canard et il décida de s'enfuir de la maison. Tantôt se dandinant sur ses gros pieds plats, tantôt voletant par-dessus des haies, il arriva finalement dans un marais où habitaient beaucoup de canards sauvages.

À son grand étonnement, le vilain petit canard découvrit qu'il savait aussi bien nager que les autres habitants de l'eau. Caché entre les roseaux, il admirait les superbes canards sauvages avec leur tête verte. Mais il n'était pas jaloux, car un instant plus tard un coup de fusil retentit.

Les canards voletèrent, mortellement apeurés, en poussant des cris plaintifs. Le vilain petit canard tremblait que le chasseur ne le découvre, et ne lui tire dessus. Mais heureusement le chasseur fut attiré ailleurs par ses chiens,

qui l'emmenèrent de l'autre côté du marais.

Après cette aventure, le petit canard décida qu'il était plus sage de rester à terre. Il continua son chemin jusqu'à ce qu'il arrive près d'une maisonnette. Le vent s'était mis à souffler très fort, et le froid perçait sous les plumes. Le petit canard décida de chercher un abri près de la maison. Celle-ci était habitée par une vieille femme, son chat et une poule. Ce chat et cette poule avaient chacun un don très particulier. La poule pondait des œufs en or, et le chat, qui était un excellent chasseur, était capable quand il était

furieux de tirer de véritables étincelles de ses yeux. Le vilain petit canard passa la porte. La vieille femme fut contente de voir le petit canard. Elle trouvait les œufs en or très beaux et très précieux, mais elle ne pouvait pas les manger. Et la vieille femme aimait de temps en temps manger un véritable œuf.

«Reste ici, petit canard, jusqu'à ce que tu aies pondu un œuf pour moi», dit-elle. Mais le petit canard n'arrivait pas à pondre un œuf, bien qu'il fît de son mieux. Les mois passèrent, à la grande colère de la poule et du chat qui devaient vivre dans la même pièce que

lui. Quand finalement tout le monde se rendit compte que le petit canard ne savait pas pondre d'œufs, le chat fit le gros dos et dit: «Dépêche-toi, vilain bon à rien, sinon je mettrai le feu à ta queue avec une de mes étincelles.»

La poule gonfla fièrement sa poitrine: «Tu n'es même pas capable de pondre un œuf normal, et certainement pas un œuf en or comme moi!»

«Disparais, vilain petit canard, car ta place n'est pas ici.»

Des larmes dans les yeux, le petit canard repartit dans le vaste monde. L'hiver était là, les feuilles étaient tombées des arbres. Des nuages de pluie traversaient le ciel et le pays tout entier était froid et désert.

Le vilain petit canard arriva dans une large clairière et il y trouva refuge pour la nuit sous un vieil arbre. De là, il aperçut quelque chose de très beau: un vol de superbes cygnes blancs, qui s'élevait des buissons. Ils partaient en battant lentement des ailes, vers le soleil. Le vilain petit canard tendit son cou, comme s'il voulait les suivre. Mais leurs ailes puissantes les avaient déjà fait disparaître derrière les montagnes. Jamais le petit canard ne s'était senti aussi seul. Il repartit dans la direction de la rivière. Là, il pourrait noyer son chagrin dans l'eau. Mais, à cause du gel, des plaques de

ment, des enfants arrivèrent pour faire de la luge et ils le délivrèrent juste à temps, sinon l'histoire du vilain petit canard se serait terminée ici. Les enfants emportèrent le petit canard chez eux. L'oiseau, effrayé, s'échappa de leurs bras, renversa la cruche de lait de leur maman, et finit par atterrir dans le pétrin à farine.

«Ce n'est pas un compagnon de jeu pour vous», fit la maman très fâchée. «Ce soir nous mangerons du canard rôti.»

Heureusement, la maman devait surveiller le pain et le fromage qu'elle était en train de fabriquer. Le petit canard saisit l'occasion pour s'envoler par la fenêtre avant qu'on ait eu le temps de l'attraper. Il retourna bien vite près du marais et il apprit à se défendre. Ses ailes n'en finissaient pas de grandir, et maintenant il était capable de voler durant des heures, sans fatigue, pour chercher de la nourriture. Quand l'été fut de retour, le petit canard savait comment faire pour survivre. Il savait aussi comment réagir quand un danger le menaçait. Lors de l'un de ses vols, il arriva près d'un grand parc et il vit de superbes cygnes nager sur l'étang.

«Oserais-je m'approcher de ces animaux superbes?» se demanda-t-il. «Peut-être voudront-ils me tuer?»

Le petit canard ne savait pas qu'il avait beaucoup changé, qu'il était de-

glace se formaient sur l'eau et il se retrouva rapidement coincé. Heureuse-

venu très grand. Ce n'était plus du tout un vilain petit canard.

Il sentait une étrange envie d'aller nager avec les cygnes, et finalement il se décida à se joindre à eux. Il lui fallut encore un peu de courage et, soudain, il s'envola vers eux. Il s'attendait à ce qu'ils l'attaquent; il baissa la tête, et c'est ainsi qu'il vit son image dans l'eau.

Quel ne fut pas son étonnement quand il vit qu'il n'était plus un vilain petit canard gris, mais bien un superbe cygne tout blanc!

Les autres cygnes s'approchèrent pour le saluer, et non pas pour lui faire du mal. Cette transformation n'était pas étonnante. Car... le petit poussin était sorti d'un œuf de cygne, qui était arrivé par hasard dans le nid de la cane. Il glissait maintenant aussi élégamment que les canards sur l'eau de l'étang, entouré des autres cygnes. Personne ne lui fit plus jamais de mal.

La morale de cette histoire? C'est qu'il faut parfois faire preuve de beaucoup de patience, et ne jamais se décourager!

La Belle au bois dormant

Il était une fois un roi et une reine qui désiraient ardemment avoir un enfant. Quel ne fut pas leur bonheur quand un jour, ils eurent une petite fille! Toutes les cloches du pays carillonnaient pour faire connaître la nouvelle. Les gens dans les rues battaient des mains et dansaient de bonheur. Le roi aurait bien voulu danser avec eux, mais il devait rester à son bureau pour écrire des lettres. Il devait envoyer les invitations pour le baptême.

«Fais bien attention de n'oublier personne», lui recommanda la reine.

Le roi fit bien attention, mais, tout excité par l'arrivée de sa fille, il laissa tomber un carton d'invitation par terre. Ce n'est que le jour du baptême, quand tout fut bien rangé, que l'on retrouva la carte et que le roi remarqua son inattention.

Le plus terrible, c'est que cette invitation était destinée à une fée maléfique! Celle-ci décida bien entendu de venir quand même à la fête. Elle était résolue à faire de son mieux pour ennuyer les autres.

Le jour où la princesse fut baptisée, on organisa un repas de fête pour cinq mille personnes. Après le repas, quand le roi et la reine eurent terminé de serrer la main des cinq mille convives, on alla chercher la petite princesse. Elle souriait dans son berceau en faisant entendre de mignons petits gazouillis. Le moment était venu pour les cinq bonnes fées invitées de donner leur cadeau de baptême à la petite princesse. Elles étaient toutes venues lui faire un don merveilleux. Toutes, excepté la plus jeune. Cette dernière n'avait encore rien trouvé qui semblât convenir. Comme elle était un peu gênée (elle était la plus jeune fée du baptême), elle se cacha derrière un pilier pour pouvoir réfléchir à quelque chose qui conviendrait, pendant que les autres donnaient leur cadeau.

La première fée étendit sa baguette

magique sur le berceau et souhaita que la princesse devienne la plus jolie fille du monde. La deuxième lui prédit aussi qu'elle deviendrait très séduisante. La troisième fée lui ajouta l'intelligence et la quatrième un bon caractère. Le roi et la reine, qui commençaient à croire que jamais une fillette n'avait commencé sa vie sous d'aussi bons auspices, rayonnaient de bonheur. Mais soudain la porte s'ouvrit avec violence, et la mauvaise fée se précipita à l'intérieur. Elle était très en colère parce qu'elle n'avait pas été invitée à la fête. Elle repoussa sans ménagement les autres fées, et se plaça devant le berceau. Elle promena sa baguette magique, toute tordue, au-dessus du berceau et s'écria:

«Arrêtez avec toutes ces belles promesses! Cette fillette deviendra aussi belle, gentille et intelligente que vous l'avez prédit mais, avant qu'elle n'ait atteint l'âge de dix-huit ans, elle se piquera le doigt avec un fuseau et mourra; voilà ce que je lui souhaite!»

Une vague de consternation s'abattit sur l'assemblée. La pauvre reine s'évanouit et le roi essaya d'attraper la mauvaise fée. Mais avant qu'il ne réussisse, elle grommela un mot magique et elle disparut, en laissant derrière elle un nuage de fumée noire. Dans l'excitation, tout le monde avait oublié la cinquième fée. Elle était restée cachée derrière le pilier.

Maintenant qu'elle venait de voir ce qui s'était passé, elle courut rapidement vers le berceau et dit, en agitant sa baguette magique:

«Je ne peux briser le sort d'une autre fée, mais je peux cependant changer le mal en bien. Je souhaite que la princesse ne meure pas quand elle se pi-

quera avec un fuseau, mais qu'elle tombe dans un sommeil qui durera cent ans. Elle sera réveillée par un prince charmant.»

«Même si cela ne sert pas à grand-chose, cela nous donne quand même du courage», dit le roi, revenu de sa frayeur. Il embrassa la jeune fée, et donna immédiatement l'ordre que tous les fuseaux du royaume soient détruits. Il en fut fait ainsi, à l'exception d'un seul appartenant à une vieille femme, qui vivait dans un des recoins du grenier royal et qui filait la soie pour les tapisseries de la reine. On l'oublia tout bonnement lorsque commença la chasse aux fuseaux. Pendant des années, elle continua son travail sans être dérangée.

Quand la princesse eut atteint l'âge de dix-huit ans, tous les vœux des bonnes fées s'étaient réalisés. Elle était aussi très curieuse, bien qu'aucune fée ne lui ait souhaité cela, et elle décida que pour son anniversaire elle irait visiter le grenier du château. Là, la princesse rencontra la vieille femme qui était occupée à filer la soie. Comme elle n'avait jamais vu faire cela, elle était très intriguée, et demanda si elle pouvait essayer. La vieille femme n'y vit pas d'objection.

«Filer n'est pas quelque chose pour les dames de votre rang, Majesté», dit-elle. «Mais mes yeux deviennent mauvais. Prenez ce fuseau si vous le voulez.»

La princesse tendit la main, et la pointe du fuseau lui perça le doigt. Au même instant, elle tomba évanouie sur le sol, profondément endormie. La vieille femme prit peur, et essaya tous les moyens pour réveiller la princesse.

Finalement, elle appela le roi et la reine.

«Hélas, mon époux», fit la reine en pleurant, «le vœu de cette affreuse sorcière s'est réalisé. Notre fille s'est endormie et son sommeil durera cent ans.»

«Elle ne peut de toute manière rester ici», dit le roi. «Nous devons la mettre sur un lit d'argent et de brocart, dans la plus belle chambre du palais.»

La princesse fut déposée dans la chambre, et tous les courtisans du royaume vinrent la regarder une dernière fois. Lorsqu'ils furent partis, le roi prit la reine dans ses bras.

«Nous devons la laisser dormir en paix, ma pauvre femme», dit-il.

«Elle est encore plus belle ainsi», dit la reine en sanglotant. «Ma seule conso-lation est qu'elle aura toujours exacte-ment la même apparence dans cent ans, quand le prince charmant viendra la réveiller.»

«Mais il y aura longtemps que nous ne serons plus là», fit remarquer le roi.

«Pauvre enfant! Elle sera toute seule dans ce grand palais, lorsqu'elle se ré-veillera, et personne ne sera près d'el-le pour lui raconter ce qui s'est passé.» Après avoir exprimé ses tristes pen-sées, elle se mit à pleurer et, pour la consoler, le roi fit venir la bonne fée.

«J'ai entendu dire que vous étiez de-venue excellente fée maintenant, très expérimentée», dit le roi. «Pouvez-vous nous aider encore un petit peu?» lui demanda-t-il.

«Il est vrai que j'ai appris quelques nouveaux tours de magie», dit la fée.

«Que diriez-vous si j'endormais tout le monde dans ce palais pour cent ans? Ainsi vous vous réveilleriez tous en même temps et tout serait comme aujourd'hui.»

La reine fut ravie d'entendre cela et applaudit à cette bonne idée.

«Voilà une idée merveilleuse», dit-elle toute contente. «Voulez-vous bien commencer par moi?»

La fée agita sa baguette magique et la reine s'endormit aussitôt. Le roi la porta jusqu'à leur chambre et s'allongea à côté d'elle. La fée agita de nouveau sa baguette magique et le roi s'endormit aussitôt d'un sommeil profond.

La fée promena ensuite sa baguette partout dans le palais. La gouvernante royale, les dames de la cour, les servantes, les courtisans, les cuisiniers, les filles de cuisine, les palefreniers, les pages, les jardiniers, tous tombèrent endormis, en plein travail. Même le garde de la tour ne put résister à ce coup de baguette magique. Finalement, le dernier à rester éveillé était le petit chien de la princesse. La fée mit le chien aux pieds de sa maîtresse, avant de l'envoyer lui aussi au pays des rêves. Et pour être certaine que personne n'échappe à son sortilège, la fée, qui avait beaucoup appris pendant ces années, réussit un tour très difficile. Elle fit pousser tout autour du château une épaisse haie d'aubépines, tout emmêlée, qui cachait tout, à l'exception des deux tours.

Après avoir terminé son travail, elle s'envola pour aller exercer son art ailleurs.

Cent années passèrent. Dans le monde qui entourait le palais, les habitudes et les mœurs changeaient. Tandis que les personnes âgées mouraient et laissaient la place aux plus jeunes, les occupants du palais, eux, continuaient à dormir, sans vieillir. Les récits au sujet du château ensorcelé étaient transmis de père en fils, avec quelques changement de-ci de-là. Certains racontaient que le palais était rempli jusqu'au toit de trésors et de bijoux, et que la haie qui l'entourait était gardée par des animaux sauvages chargés de tuer ceux qui s'approchaient. D'autres pensaient qu'un méchant magicien habitait le palais, et transformait les promeneurs trop curieux en limaces pour ensuite les tuer avec du poivre et de l'oignon. La seule qui connaissait la vérité était une très vieille femme, dont la grand-mère avait connu le château il y a cent ans au moment de sa splendeur, et avait raconté à sa petite-fille l'histoire de la Belle au bois dormant. Quand les cent ans furent passés, elle estima que c'était son devoir de trouver un prince et de lui raconter l'histoire exacte. Après une longue et pénible marche, elle arriva au royaume voisin. Après beaucoup de difficultés, elle réussit enfin à parler au fils aîné du roi.

Le jeune prince brûlait d'envie de réveiller la jeune princesse et tous les occupants du palais. Il donna une récompense royale à la vieille femme,

partout, les laquais étaient étendus à gauche et à droite, et, bien que le prince fasse résonner ses bottes sur les pavés, personne ne bougeait.

Après avoir un peu exploré les environs, le prince atteignit la plus belle chambre à coucher et, par la porte, il vit une belle jeune fille endormie sur le lit. Elle portait presque le même genre de vêtements que son arrière-grand-mère, dont le portrait était accroché dans la grande salle du château. Le prince se pencha tout doucement sur la jeune fille et déposa un baiser sur son beau front lisse. Elle bougea un peu, soupira très profondément deux ou trois fois et ouvrit ses beaux yeux bleus.

«Cela fait des années que je rêve de toi», lui dit-elle, en regardant avec attention le beau prince.

«Et moi, de toi», lui répondit le prince.

enfourcha son fidèle cheval et arriva bientôt devant l'épaisse haie qui entourait le palais. Il regarda les fortes épines et les grosses branches en réfléchissant, car, dans sa hâte, il avait oublié d'aiguiser son épée. À son grand étonnement, les tiges et les rameaux semblèrent s'ouvrir devant lui quand il fonça courageusement en leur milieu. Le fidèle cheval voulut suivre son maître, mais n'en eut pas l'occasion, car les buissons se refermèrent aussitôt. Quand le prince arriva dans la cour intérieure, il vit d'étranges choses. Le silence n'était troublé que par la respiration calme des nombreuses personnes endormies. Même les chevaux à l'écurie et le chat de la cuisine continuaient à rêver calmement, comme ils le faisaient depuis cent ans. Dans le palais, c'était la même chose. Un calme profond régnait

«Si c'est ainsi, pourquoi ne pas nous marier?» demanda le prince. «Le rêve deviendrait réalité.»

Il prit la princesse par la main et l'aida à se relever. Au moment où son petit pied toucha le sol, son petit chien éternua et s'étira de tout son long. Immédiatement, tous les occupants du palais ouvrirent les yeux, se mirent à bâiller et continuèrent leurs tâches quotidiennes, comme si rien ne s'était passé. Le roi et la reine s'éveillèrent également, et ils se regardèrent en souriant.

«Mon amour, tu ne parais pas avoir un jour de plus que quarante ans», dit très gentiment le roi à la reine, qui avait quand même un petit peu peur de ressembler à une vieille dame de cent quarante ans! Et elle se mit à rire, soulagée.

«Toi non plus, tu n'as pas vieilli», répondit-elle gentiment.

Elle se hâta de sortir pour voir comment allait la princesse. Elle vit qu'on s'occupait très bien d'elle. Le prince s'entendait déjà bien avec le roi et la reine, et il était heureux d'être accepté dans leur famille.

Le mariage fut très rapidement célébré, et le bonheur régnait dans les deux royaumes où le prince et la princesse continuèrent à vivre heureux très très longtemps.

Le Petit Poucet

Il était une fois un bûcheron qui avait sept fils. Le plus petit était vraiment tout petit, à peine haut comme trois pommes; à sa naissance il était grand comme le pouce de son père. C'est pourquoi il reçut le nom de Petit Poucet.

Comme il était le plus jeune et le plus petit de la famille, il n'avait pas grand-chose à dire. Il se tenait toujours en retrait et, à cause de cela, ses parents croyaient qu'il était moins intelligent que les autres enfants. Mais en réalité, le Petit Poucet était un petit garçon très habile, qui ne disait pas grand-chose car il préférait écouter attentivement tout ce qui se disait. De cette manière, il était devenu très malin et très intelligent.

Le bûcheron était très pauvre, et il lui était difficile de gagner assez d'argent pour nourrir sept bouches affamées. Il attendait avec impatience le moment où certains de ses fils seraient assez grands pour gagner eux-mêmes leur vie. Mais ce temps était encore très éloigné. Une année, alors que les enfants étaient encore très jeunes, il avait fait mauvais pendant des mois, et toute la récolte avait été perdue. La nourriture était devenue hors de prix, et la femme du bûcheron ne pouvait se permettre d'acheter autre chose que quelques quignons de pain. Ce soir-là, après qu'elle eut distribué le peu de nourriture qui restait, les sept garçons étaient encore affamés quand ils furent envoyés au lit. Ils allèrent tous se coucher, excepté le Petit Poucet, qui était si petit qu'il pouvait facilement se cacher en dessous de la chaise de son père.

«Femme, je ne supporterai pas plus longtemps de voir nos enfants affamés», dit le bûcheron. «Nous devons les abandonner dans la forêt.»

«Que dis-tu là?» cria sa femme. «Comment peut-on abandonner ses garçons?»

«Il n'y a pas d'autre solution», répondit le bûcheron. «Je trouve cela aussi triste que toi, mais il n'y a vraiment

pas d'autre solution!»

Le Petit Poucet, qui se cachait toujours sous la chaise, trouvait cela encore moins agréable. Il fut content d'entendre le bûcheron et sa femme monter se coucher dans la paille de leur chambre.

Quand le Petit Poucet se mettait sur la pointe des pieds, il arrivait tout juste à la poignée de la porte. Dès que celle-ci fut ouverte, il sortit dans le jardin. Là, il remplit ses poches de petits cailloux blancs, et rentra ensuite dans la cabane. Sans faire de bruit, il grimpa l'échelle et se glissa dans le lit, à côté de ses frères. Il s'endormit aussitôt. Le lendemain, le bûcheron emmena ses enfants en promenade dans la forêt. Le Petit Poucet, qui ne voulait pas effrayer ses frères, ne leur avait rien dit de ce qu'il avait entendu la veille. Le bûcheron ne s'arrêta pas avant

d'avoir atteint une partie de la forêt qui était si dense et si sombre qu'on voyait à peine où l'on mettait les pieds. Arrivé là, le bûcheron dit à ses enfants qu'ils pouvaient jouer là pendant qu'il irait couper du bois. Les heures passèrent, et les enfants étaient terriblement fatigués tant ils avaient joué. Mais le bûcheron n'était toujours pas de retour, et les enfants commençaient à pleurer et à se plaindre. Tous, sauf le Petit Poucet. Lui seul ne perdait pas courage.

«Ne pleurez pas», dit-il, «nous pouvons facilement retrouver le chemin de la maison, sans l'aide de papa.»

«Comment est-ce possible? Le bois est tellement dense ici», dit le plus âgé.

«Suivez-moi», dit le Petit Poucet.

Les frères découvrirent alors avec étonnement que leur petit frère avait laissé une trace de cailloux blancs qu'ils n'avaient qu'à suivre pour rentrer chez eux.

Entre-temps, en rentrant à la maison, le bûcheron avait eu la chance de rencontrer un riche marchand, qui lui offrit un bon prix pour son bois. Et le bûcheron pouvait maintenant acheter un bon morceau de viande.

Lorsque les enfants arrivèrent chez eux, il faisait déjà nuit. Leur mère préparait un pot-au-feu dans une grande casserole qu'elle arrosait de ses larmes.

«Pourquoi avons-nous abandonné nos chers petits?» se plaignait-elle. «Maintenant il y a assez à manger pour nous tous. Ah! comme nous serions heureux ici tous ensemble! Car il n'y a rien de plus beau qu'une famille où chacun s'occupe des autres.»

Le bûcheron, lui non plus, n'arrivait pas à avaler une seule bouchée de cette nourriture quand il pensait à ses fils, qui devaient errer perdus et affamés dans la forêt.

«Si seulement j'avais pu imaginer que j'allais avoir tellement de chance aujourd'hui, les enfants seraient maintenant assis près de nous», dit-il.

«Mais maintenant c'est trop tard», dit sa femme en sanglotant. «Les animaux sauvages les ont dévorés depuis longtemps, et je ne reverrai jamais mes enfants!»

Au moment où elle prononçait ces mots, la porte s'ouvrit. Et le Petit Poucet entra, suivi de tous ses frères.

«Nous sommes revenus, maman!» crièrent-ils tous ensemble. «Que c'est bon de se retrouver tous ensemble à la maison!»

La maman essaya de les serrer tous les sept à la fois dans ses bras. Le bûcheron était encore très ennuyé, et ne savait pas comment dire son bonheur de les revoir tous vivants.

«Mangez, les enfants», dit-il, «car tout ce que nous avons est aussi à vous.»

Les garçons ne se le firent pas répéter et, comme des loups affamés, ils se jetèrent sur la nourriture. Seul le Petit Poucet, qui n'avait pas besoin de beaucoup manger, tellement il était

petit, manquait d'appétit. Il pensait
aux mots que son père avait pronon-
cés. «Imagine-toi que demain il ne reste plus rien à manger», lui disait sa petite voix intérieure. «Papa nous mettra
de nouveau dehors.» Au lieu de manger tout ce qu'il y avait sur son assiette, il attendit que personne ne fasse attention à lui. Alors il cacha un gros
morceau de viande dans la poche de
son pantalon.

Le lendemain, il n'y avait vraiment
plus rien à manger. Ce jour-là, le bûcheron ne réussit pas à vendre son
bois. Vers midi, les enfants se mirent à
pleurer de faim, et le bûcheron ne put
supporter cela longtemps.

«Je ne peux rien faire pour eux», dit-il
à sa femme. «Il vaudrait mieux qu'ils
repartent dans la forêt, pour tenter
leur chance.»

Les pleurs de sa femme ne le firent
pas changer d'avis. Un peu plus tard, il
repartit avec ses enfants dans la forêt.
Sur la route, le Petit Poucet sépara des
petits bouts du morceau de viande
qu'il avait dans sa poche et les jeta
derrière lui. Il espérait pouvoir retrouver cette piste, et guider ses frères
pour rentrer chez lui. Mais quand le
bûcheron les eut abandonnés et qu'ils
voulurent rentrer, ils ne trouvèrent
rien. Les oiseaux avaient tout mangé,
jusqu'à la dernière bouchée.

Maintenant, les enfants étaient vérita-
blement perdus, dans la partie la plus

sombre du bois. Et bientôt la nuit tomba.

Pour rendre les choses encore plus pénibles, la pluie se mit à tomber avec force. Les pauvres garçons tournaient en rond, tremblant de froid mais aussi de peur, car ils entendaient des bruits étranges qui venaient des buissons, comme si un animal sauvage était à l'affût, prêt à leur sauter dessus pour les dévorer. Le Petit Poucet craignait que ses frères ne tiennent plus longtemps le coup s'ils n'arrivaient pas à s'abriter bien vite.

Dans le noir, il réussit à escalader les branches d'un arbre et, arrivé au sommet, il regarda de tous les côtés. Quelle ne fut pas sa joie d'apercevoir une faible lueur dans le lointain, au

nord! Il redescendit rapidement et annonça la bonne nouvelle à ses frères. Ils se mirent aussitôt en route, à travers la pluie et la boue; après bien des efforts, ils atteignirent enfin la petite lumière. C'était une grande maison située à la lisière de la forêt. Courageusement, le Petit Poucet alla frapper à la porte avec le heurtoir et, peu après, une femme très pâle, qui semblait très fatiguée, vint leur ouvrir.

«Si vous tenez à votre vie, partez le plus vite possible d'ici», dit-elle. «Mon mari est un méchant ogre. Il adore manger les enfants au petit déjeuner.» Le Petit Poucet se retourna, vit la forêt noire, et ses frères épuisés.

«Si nous retournons maintenant dans la forêt, les loups nous dévoreront à coup sûr», fit-il remarquer. «Quelle est la meilleure solution?»

La femme du géant n'était pas méchante. Elle eut pitié des enfants et les fit entrer.

«Mais faites attention quand mon mari rentrera», dit-elle aux enfants en leur faisant rapidement passer la porte.

Un feu gigantesque brûlait dans la cheminée. Un mouton entier rôtissait à la broche au-dessus. C'était le dîner de l'ogre, qui allait rentrer d'un instant à l'autre. Les enfants allèrent se réchauffer tout contents près du feu. Un instant plus tard, on frappa un énorme coup à la porte, si fort que toute la maison en trembla.

«Vite, cachez-vous sous le lit, voilà mon mari», chuchota la femme.

Elle avait encore plus peur que les garçons. Rapidement, les sept garçons plongèrent sous le lit; avec des yeux écarquillés par la peur, ils regardèrent l'énorme géant entrer dans la pièce. C'était le plus grand homme qu'ils aient jamais vu. Le Petit Poucet avait à peine la taille d'un de ses pieds.

L'ogre se mit à table et réclama à manger d'une voix qui ressemblait à un coup de tonnerre. Le mouton eut vite disparu; le géant rejeta sa tête vers l'arrière et se mit à renifler bruyamment.

«Je sens de la viande d'enfants fraîche, pas loin d'ici», grommela-t-il en se léchant les babines.

Sa femme secoua la tête, mais le géant bondit près du lit et d'un geste de son large bras, il ramena tous les enfants vers lui.

«Comment oses-tu m'offrir un mouton aussi coriace, quand il y a de la chair tendre tout près!» cria l'ogre à sa femme. «Donne-moi vite mon couteau, je ne vais pas attendre plus longtemps.» Les garçons se serrèrent les uns contre les autres.

«Pitié!» suppliaient-ils, tout tremblants.

«Laisse donc», dit la femme du géant, «ces enfants ne sont pas assez gras. Demain ils seront bien meilleurs. Et puis j'ai encore fait griller un bon cochon de lait. Le voici, il est prêt.»

Le géant se gratta le menton en réfléchissant. Cela faisait exactement le même bruit que du papier de verre.

«Tu as peut-être raison», dit-il finalement. «De si bons petits morceaux doivent être préparés soigneusement. Donne-leur donc à manger, et puis range ma réserve de chair au grenier.»

Le femme du géant n'attendit pas que son mari change d'avis. Elle prit tous les enfants et les fit monter.

Obéissant à l'ordre de l'ogre, elle leur apporta un grand plateau de nourriture. Mais les pauvres garçons perdirent tout appétit quand ils entendirent qu'elle verrouillait la porte d'entrée et comprirent qu'ils étaient prisonniers du géant. La seule manière de s'échapper était de passer par un trou minuscule qui laissait pénétrer l'air frais de l'extérieur. Mais ce trou était bien trop petit pour laisser passer un

garçon. Un peu plus tard, ils entendirent un autre bruit, qui leur fit encore plus peur: l'ogre aiguisait le couteau qu'il allait employer le lendemain. Seul le Petit Poucet ne perdait pas courage.

«Allez dormir, mes frères. N'ayez pas peur, je vais m'occuper de vous!»

Le lendemain matin, le Petit Poucet se réveilla très tôt, bien avant les autres. Rassuré par les ronflements qui lui parvenaient d'en bas, et qui faisaient trembler les poutres du plafond, le Petit Poucet retira les draps de son lit et les déchira en bandelettes. Puis il les noua les unes aux autres. Il fixa une des extrémités au pied du lit et il fit passer l'autre à travers le trou d'aération. Et parce qu'il était un si petit bonhomme, il réussit à s'y glisser lui-même. En un clin d'œil, il avait descendu la corde de draps et, aussi vite que ses petites jambes le permettaient, il fit le tour de la maison. Il rentra par la porte d'entrée.

L'ogre dormait, étendu de tout son long sur plusieurs chaises. Après le dîner d'hier soir, il avait encore bu beaucoup de vin. Une de ses jambes barrait l'escalier. Sur la pointe des pieds, et tremblant de peur que l'ogre ne se réveille, le Petit Poucet commença à escalader cette énorme jambe. Lorsqu'il se trouva au talon, le géant cessa un instànt de ronfler, et le Petit Poucet resta suspendu, raide comme un pi-

quet, sans oser bouger.

«Ah! ces sales mouches», fit le géant, «elles ne me laisseront donc jamais tranquille!»

Il n'était encore qu'à moitié éveillé. Du revers de la main, il projeta le Petit Poucet par terre, avec une telle force que le petit bonhomme se retrouva tout en haut de l'escalier. Le géant remua les jambes, se remit à dormir et à ronfler.

Le Petit Poucet se releva; heureusement il n'avait rien de cassé. Sans perdre de temps, il grimpa pour atteindre le verrou. D'un geste, il le fit glisser! Le Petit Poucet se laissa tomber par terre. Il ouvrit prudemment la porte et réveilla vite ses frères.

Ils descendirent l'escalier sans bruit et sortirent de la maison. Ils coururent ensuite à toutes jambes pour s'éloigner de la maison de l'ogre. Un peu plus tard, le géant ouvrit les yeux. Il bâilla et dit à sa femme:

«Donne-moi le couteau que je viens d'aiguiser. Je monte chercher cette délicieuse chair d'enfants pour la cuire à la poêle.»

La femme supplia le géant de ne pas encore le faire, mais l'ogre ne voulut rien entendre, et se leva pour aller les chercher. Tandis que le géant montait l'escalier, sa femme fermait les yeux, s'apprêtant à entendre le hurlement des enfants. Ce qu'elle entendit à la place, ce furent les cris du géant, tellement forts et menaçants que les tuiles se détachaient du toit.

«Ces petits vauriens se sont échappés!» hurla-t-il. «Je vais en faire du hachis. Je vais les frire dans l'huile! Donne-moi mes bottes de sept lieues, je pars à leur poursuite.»

Celui qui enfilait les bottes de sept lieues parcourait sept lieues à chaque pas. La femme du géant savait qu'il n'aurait pas de mal à rattraper les pauvres enfants. Elle ne pouvait malheureusement pas faire autrement, et le voilà parti, passant par-dessus les rivières, les haies et les collines.

Les enfants étaient déjà assez loin. Maintenant qu'ils étaient sortis du bois, ils n'auraient pas de mal à retrouver la maison de leurs parents. Ils y étaient presque arrivés quand l'ogre surgit dans un grand fracas par-dessus les collines, marchant dans leur direction. Il n'avait pas encore aperçu le Petit Poucet et ses frères, qui s'étaient réfugiés entre les racines d'un très vieil arbre. C'est fatigant de parcourir sept lieues à chaque pas, peu importent les chaussures ou les bottes que l'on porte. Le géant, qui n'avait toujours pas vu les enfants, vint se mettre à l'aise, le dos contre un rocher, tout près de l'arbre où se cachaient les enfants. Il était tellement fatigué de s'être mis si fort en colère qu'il s'endormit aussitôt. Les enfants entendirent de nouveau le terrible ronflement.

«Partez, courez jusqu'à la maison pendant qu'il dort», chuchota le Petit Poucet à ses frères, et un à un ils sortirent de leur cachette et s'enfuirent.

«Mais toi, que vas-tu faire?» lui demanda le frère aîné.

«Ne te fais pas de souci pour moi», répondit le Petit Poucet. «Dis à papa et à maman que je ne rentrerai que quand j'aurai assez d'argent pour acheter de la nourriture pour tout le monde. Comme ça ils ne devront plus jamais nous perdre dans la forêt.»

Quand tous les enfants eurent disparu à l'horizon, le Petit Poucet sortit tout doucement de sa cachette, se glissa jusqu'au géant et là, tout doucement, centimètre par centimètre, il commença à lui retirer ses bottes. Puis il enfila les bottes pour voir si elles lui allaient. Eh oui! À sa grande surprise, les bottes rétrécirent instantanément à sa taille. Elles lui convenaient parfaitement. Le Petit Poucet en fut tellement étonné qu'il émit un sifflement. Le géant se réveilla aussitôt, et le Petit Poucet sursauta. Une énorme main s'avançait pour le saisir, mais, en une enjambée, le Petit Poucet se retrouva sept lieues plus loin. Très vite, le géant qui le poursuivait se retrouva des kilomètres derrière lui. Il dut rentrer chez lui en chaussettes, ce qui le mit de très méchante humeur, car il y arriva avec des ampoules aux pieds en ayant vu disparaître son petit déjeuner. Une minute et quatre cent vingt milles plus loin, le Petit Poucet se retrouva devant le palais royal. Avant qu'on n'ait eu le temps de l'arrêter, il avait sauté au-dessus des murs du palais. Il entra dans la salle où le roi tenait un conseil de guerre avec les membres du conseil.

«Que viens-tu faire ici, mon garçon?» demanda le roi d'un ton très sévère. «Ce n'est pas un endroit pour un petit enfant. Nous devons discuter de choses sérieuses.»

«Je suis venu pour gagner beaucoup d'argent», expliqua le Petit Poucet en faisant une révérence. «Je peux peut-être vous aider à sortir de vos difficultés, Sire.»

«Comment un garçon aussi petit que toi pourrait-il m'aider à joindre mes armées? J'ai des nouvelles très importantes à leur transmettre, qui nous permettraient de gagner la guerre. Mais l'armée est divisée en trois camps, qui se trouvent à cinq cents lieues l'un de l'autre. Il faut des jours pour les atteindre.»

«Vous pourriez vous y rendre vous-même, avec mes bottes de sept lieues», dit le Petit Poucet.

Les membres du conseil éclatèrent de rire, en imaginant le roi en train d'essayer d'enfiler les minuscules petites bottes.

«Essayez-les quand même, Majesté», insista le Petit Poucet.

Pour en avoir le cœur net, le roi saisit une des bottes. Il remarqua qu'elle lui allait parfaitement.

Le roi eut vite fait de disparaître de la salle du conseil, sous le regard étonné de ses conseillers. Ils n'étaient pas encore revenus de leur étonnement que le roi était déjà de retour.

«Je me suis rendu dans les trois camps. J'y ai apporté les nouvelles, et maintenant je suis sûr que nous allons gagner la guerre», dit-il. «Dis-moi combien tu veux pour ces bottes, mon garçon, ton prix sera le mien, car je veux absolument garder tes bottes de sept lieues.»

Et c'est ainsi que, quelques jours plus tard, le Petit Poucet arriva devant la cabane de son père sur un beau cheval noir, avec un grand sac d'or fixé de chaque côté de la selle.

La famille ne connut plus jamais la misère. D'ailleurs, comment cela aurait-il été possible avec un petit bonhomme aussi malin parmi eux?

Le Petit Chaperon rouge

Il était une fois une petite fille dont le prénom pouvait être Marie, Manon ou Mathilde. Mais tout le monde l'appelait le Petit Chaperon rouge, à cause du capuchon rouge qui lui entourait souvent le visage. C'était une très gentille petite fille. Elle aimait beaucoup rendre service.

Un jour que le Petit Chaperon rouge et sa maman étaient assises à la table du déjeuner, elles virent arriver un grand lapin blanc, qui sortait du bois en faisant des bonds.

«Bonjour, mesdames», fit le lapin en les saluant, légèrement essoufflé.

«Bonjour, lapin!» répondirent ensemble le Petit Chaperon rouge et sa mère. «Est-ce que tu nous apportes des nouvelles de grand-mère, qui habite de l'autre côté du bois?»

Le lapin retroussa plusieurs fois son nez, en réfléchissant.

«Grand-mère? Je pense que j'ai déjà dû entendre ce nom quelque part, mais je n'arrive vraiment plus à me souvenir de quel animal il s'agit, foi de lapin!»

«Grand-mère n'est pas un animal, mais une très gentille vieille dame, avec un bonnet recouvert de rubans et

des petites lunettes rondes avec des verres épais.»

«Oh! alors c'est la vieille dame qui me sert chaque matin un plat de bonne salade fraîche? Je ne savais pas que c'était une grand-mère», dit le lapin étonné. «Comme je suis bête! Mais, voyez-vous, ma mémoire me joue parfois des tours, elle n'est plus ce qu'elle était. Il m'arrive même parfois d'oublier de reprendre mon souffle!»

«Mais comment va grand-mère? Tu nous apportes certainement un message de sa part, n'est-ce pas, lapin?» demandèrent le Petit Chaperon rouge et sa maman avec un peu d'impatience.

«Oui, bien sûr, naturellement», répondit le lapin, plongé dans ses réflexions. «Un message, dites-vous? Oh oui! oui, un message! Oh! mais bien sûr! Ce matin le plat de salade ne se trouvait pas à sa place, et je me suis dit: serait-elle malade? J'ai gratté à sa porte, et alors la vieille dame a crié que je devais aller prévenir le Petit Chaperon rouge. Voilà pourquoi je suis ici!»

Le lapin était tout content de s'être souvenu de tout.

«Vous voyez bien que j'avais une raison de venir! Et maintenant, si je pouvais me reposer un petit peu dans le champ de choux et manger quelques feuilles, car après un voyage aussi épuisant, cela fait du bien, c'est ce que je dis...»

Et le lapin s'en alla en sautillant, toujours occupé à se parler à lui-même.

«Pauvre grand-mère!» s'écria le Petit Chaperon rouge. «Il faut absolument y aller. Je vais vite lui apporter à manger. Cela lui fera certainement du bien.»

«Mais le bois est très dangereux», dit la maman très effrayée. «Le grand méchant loup s'y promène et épie les gens qui le traversent pour essayer de les manger.»

«Je n'ai pas peur du loup», dit le Petit Chaperon rouge, «et grand-mère m'attend. N'aie pas peur, maman, je traverserai le bois sans problème.»

«Sois très prudente et reviens le plus tôt possible!» lui recommanda sa mère, «car je serai inquiète tant que tu ne seras pas rentrée.»

Un instant plus tard, le Petit Chaperon rouge partit avec un panier rempli de nourriture. Le lapin sautillait devant elle pour lui indiquer le chemin.

Elle était déjà très près de la maisonnette de sa grand-mère, quand elle aperçut deux petits oiseaux. Ils étaient perchés sur une branche d'arbre et saluèrent très gentiment le Petit Chaperon rouge. Ils lui dirent aussi:

«Fais attention! Le grand méchant loup vient de passer par ici, il n'y a pas longtemps!»

«Je n'ai pas peur du grand méchant loup», répondit le Petit Chaperon rouge, comme elle venait de le dire à sa maman. «Il ne me fera rien!»

Au moment où elle prononçait ces paroles, les petits oiseaux s'envolèrent apeurés, et le loup bondit hors du buisson, sur le chemin que le Petit Chaperon rouge devait emprunter.

«À bientôt!» dit le lapin, et il sauta dans le premier terrier qu'il put trouver.

«Je n'ai pas peur du grand méchant loup», se répéta le Petit Chaperon rouge, mais elle avait beaucoup moins d'assurance que quelques minutes auparavant, car elle venait d'apercevoir les dents pointues du loup.

«Peur d'un vieux débris comme moi? Bien sûr que non!» dit le loup. Il essaya de sourire et fit voir des dents acérées comme des couteaux. «Je ne ferais certainement pas de mal à des petites filles avec des chaperons rouges! Qu'as-tu là dans ton panier? Raconte tout au vieil oncle loup.»

Le Petit Chaperon rouge essaya de parler aussi courageusement que possible. Ce n'était pas facile, car elle claquait des dents tellement elle avait peur.

«J'apporte du miel, du pain frais et du vin de groseille chez ma grand-mère, qui habite là, plus loin», dit le Petit Chaperon rouge. «Elle dit toujours qu'il n'y a rien de meilleur que le vin de groseille pour guérir quand on est malade.»

«Que c'est gentil», dit le loup. «Je suis très touché par ta gentillesse. Va vite, mon enfant.»

Le Petit Chaperon rouge, qui pouvait à peine croire que cela se passait si bien, continua rapidement son chemin. Mais à peine avait-elle fait quelques pas que le faux sourire disparut du visage du loup. En deux bonds, il rentra dans le bois et, grâce à un raccourci que le Petit Chaperon rouge ne connaissait pas, il arriva quelques minutes avant elle à la maisonnette de sa grand-mère.

La grand-mère devait certainement dormir, sinon elle aurait remarqué le loup qui venait la manger. Le méchant loup n'en fit qu'une bouchée. Sans pousser un cri, elle disparut dans l'énorme ventre du loup, où elle trouva qu'il faisait fort sombre...

Le loup, qui était bien content de voir son ventre rempli, vit arriver le Petit Chaperon rouge par la fenêtre. Elle avançait sur le petit sentier avec son panier rempli de bonnes choses.

Très vite, il ferma les rideaux, de sorte que la chambre fut plongée dans l'obscurité. Puis il enfila le bonnet de la grand-mère et mit ses lunettes et hop!, d'un bond il sauta dans le lit.

Quand le Petit Chaperon rouge ouvrit la porte, elle ne distingua pas très bien ce qu'il y avait à l'intérieur de la pièce. Mais elle pensa naturellement que c'était sa grand-mère qui était couchée dans le lit, avec son petit bonnet et ses lunettes.

«Puis-je entrer, grand-mère?» demanda le Petit Chaperon rouge. «Regarde, je t'apporte de quoi boire et de quoi manger, ainsi tu te sentiras vite beaucoup mieux!»

«Mais bien sûr, entre, mon enfant. Je suis bien contente de te voir», dit le loup d'une petite voix. Le Petit Chaperon rouge s'approcha du lit.

«Comme tu as de grands yeux, grand-mère», dit le Petit Chaperon rouge. «Je n'avais jamais remarqué qu'ils brillaient autant.»

«C'est pour mieux te voir, mon enfant», fit le loup d'une voix de fausset.

«Et pardonne-moi de te le dire, mais que tu as de grandes oreilles!» dit encore le Petit Chaperon rouge, qui ne pouvait cacher son étonnement.

«C'est pour mieux t'entendre, mon enfant», assura le loup.

«Je ne veux pas être impolie, grand-mère», ajouta le Petit Chaperon rouge, «mais as-tu toujours eu d'aussi longs bras?»

«C'est pour mieux t'embrasser, mon enfant.»

«Ne sois pas fâchée que je te dise cela, grand-mère, mais tes dents sont trois fois plus longues et pointues qu'avant», bredouilla le Petit Chaperon rouge, très troublée par cette étrange grand-mère.

«C'est pour mieux te manger, mon enfant!» rugit le loup.

D'un coup de patte, il attira le Petit Chaperon rouge vers lui, et l'avala en une bouchée, comme il l'avait fait pour la grand-mère. À l'intérieur de l'estomac du loup, le Petit Chaperon rouge retrouva sa grand-mère endormie.

«Réveille-toi, grand-mère», dit le Petit Chaperon rouge. «Le loup nous a dévorées toutes les deux.»

«Ma chérie, ce n'est pas le moment de raconter de telles bêtises», fit la vieille dame encore somnolente. «Laisse-moi encore dormir un peu, tu serais gentille.»

Le loup, qui venait de faire un double repas, décida de rester encore un peu au lit et d'y faire un petit somme. Bientôt la maisonnette résonna des ronflements du loup, auxquels s'ajoutaient les soupirs du Petit Chaperon rouge.

Un trappeur avait par hasard traqué le loup toute la journée, et il avait suivi les traces jusqu'à la maisonnette de la grand-mère. Les traces qu'il voyait étaient toutes fraîches. Il décida d'entrer dans la maisonnette. Au début il crut, tout comme l'avait fait le Petit Chaperon rouge, que c'était la grand-mère qui dormait dans le lit. Mais quand il ouvrit les rideaux, il constata très rapidement que ce n'était personne d'autre que le grand méchant loup, qui avait enfilé les habits de la grand-mère. Sans le réveiller, le trappeur ressortit et il se posta derrière un buisson, à l'affût. Peu après le loup s'éveilla et, encore titubant de sommeil, il s'approcha de la porte. Quand il sortit de la maisonnette, le trappeur lança son lasso. La boucle glissa autour des pattes du loup. Le trappeur attacha l'autre extrémité à un tronc d'arbre, et tira de toutes ses forces. Avant que le loup ne comprenne ce qui lui arrivait, il fut soulevé du sol et resta suspendu la tête en bas. Il se mit à hurler de peur et de colère. Le trappeur fut bien surpris quand il vit soudain le Petit Chaperon rouge et sa grand-mère qui sortaient saines et sauves de la gueule du loup!

«Mais que m'arrive-t-il?» s'écria la vieille dame. «Je dois être tombée du lit.»

Le Petit Chaperon rouge eut bien du mal à expliquer à sa grand-mère ce qui s'était réellement passé.

«Eh bien, cette histoire m'a tout à fait guérie», fit la grand-mère en se frottant les yeux.

Elle allait effectivement beaucoup mieux. Mais personne ne pouvait dire si c'était à grâce à l'aventure qu'elle venait de vivre ou au petit somme qu'elle avait fait dans l'estomac du loup.

Si vous voulez mon avis, c'est la visite du Petit Chaperon rouge qui lui avait fait le plus de bien.

La Fée

Cela peut être très ennuyeux d'avoir une sœur qui est bien plus belle et plus gentille que soi. C'est ce que pensait Éliza. Elle aurait mieux fait de garder cela pour elle, et de faire attention à ce qu'elle disait, comme je vais vous le raconter.

La gentille sœur s'appelait Griselda. Elle était aussi douce que le miel. Éliza, elle, était aussi acide qu'un citron, car elle ressemblait à sa mère, qui était une vilaine femme toujours de mau-

vaise humeur. Inutile de dire que cette dernière était du côté d'Éliza.

Elle faisait faire tout le travail lourd à Griselda, pendant qu'elle-même restait assise près du feu avec sa préférée, et elles faisaient des commentaires désobligeants sur Griselda.

C'était bien dommage pour Griselda que son père ne fût plus en vie, car il n'aurait jamais toléré cela. Elle n'avait plus personne pour prendre sa défense. Elle devait faire toutes les corvées

qu'on lui donnait, même si c'était parfois très difficile.

Un jour que Griselda se rendait à l'étang pour y remplir une cruche d'eau, une vieille femme passa par là. Elle s'appuyait lourdement sur un gros bâton.

«Ma chère enfant, donne-moi donc une gorgée d'eau de ta cruche», demanda-t-elle à Griselda.

«Volontiers», répondit Griselda gentiment et elle tint la lourde cruche pendant que la vieille dame y buvait.

«Merci, mon enfant, c'est très gentil de ta part», dit la petite vieille reconnaissante.

«Pourquoi ne le ferais-je pas? C'est malheureusement tout ce que j'ai à offrir», lui dit Griselda avec son joli sourire.

«À l'avenir, tu auras plus à donner que cela», dit la vieille dame qui était en réalité une fée déguisée. «À partir de maintenant, une pierre précieuse ou une fleur sortiront de ta bouche chaque fois que tu diras quelque chose de gentil.»

«Quelle idée magnifique! Comme c'est gentil!» s'exclama Griselda.

Et pendant qu'elle disait cela, une belle orchidée et trois perles orangées tombèrent de sa bouche. Griselda courut à la maison en les tenant à la main pour faire partager à Éliza le bonheur d'avoir reçu ce cadeau inespéré. Mais sa mère et sa sœur l'accueillirent avec un visage mauvais.

«Fainéante! Tu traînes toujours pour faire le travail que je te donne», dit Éliza d'un ton mordant. «Maman et

moi, nous avons dû attendre ton retour cinq minutes pour avoir de l'eau pour notre thé. File à la cuisine! C'est là ta place, et fais-nous du thé.»

«Oui, tout de suite, ma chère sœur», dit Griselda. «Mais regarde ce que je viens t'apporter! Trois superbes perles et une fleur pour mettre dans tes cheveux.»

Pendant qu'elle parlait, un lys tomba de sa bouche ainsi que deux diamants brillants. Éliza les attrapa et regarda sa sœur.

«Comment se fait-il que tu aies reçu des cadeaux si magnifiques?» demanda-t-elle. «Dis-moi la vérité ou je me fâche.»

«J'ai rencontré une vieille dame, près de la source», raconta Griselda.

Éliza tapa du pied:

«N'est-ce pas terrible qu'une chose pareille arrive à Griselda et pas à moi!» cria-t-elle, énervée.

«Tu as raison, mais cesse de crier et va directement jusqu'à la source», lui dit sa mère. «Cette vieille femme reviendra certainement encore une fois.»

Effectivement, la bonne fée revint, mais cette fois elle était déguisée en chien. Haletant de soif, l'animal demanda un peu à boire à Éliza.

«Je n'ai pas le temps de puiser de l'eau pour les chiens», dit Éliza de manière très brusque. «Ne vois-tu pas que j'attends une fée qui doit me donner un cadeau magique?»

Le chien disparut soudain, et la vieille dame apparut à sa place.

«C'est moi, la fée que tu attendais, et je vais effectivement te faire un cadeau magique. À chaque mot que tu prononceras, un crapaud ou un serpent sortira de ta bouche.»

Pendant qu'Éliza était partie, un prince passa devant la maison. Il demanda s'il pouvait se reposer là pendant une heure. La mère accepta tout de suite, car elle se disait qu'il ferait un très bon époux pour sa fille Éliza. Pour éviter que le prince ne voie Griselda et ne lui donne la préférence, elle chassa immédiatement la pauvre fille.

Quand Éliza revint, sa mère lui demanda aussitôt si elle avait vu la fée. Éliza fit oui de la tête, en la regardant de mauvaise humeur, mais avant qu'elle n'ait eu le temps de raconter quelle sorte de cadeau elle avait reçu, elle fut envoyée en haut pour s'arranger un petit peu. La mère raconta au prince que sa fille allait descendre d'un moment à l'autre.

«Mon Éliza est une très gentille fille», dit la mère d'un ton très encourageant. «Tellement gentille qu'à chaque fois qu'elle ouvre la bouche, il en sort des pierres précieuses. Que pensez-vous de cela?»

Le prince trouvait cela tellement curieux qu'il était impatient de rencontrer Éliza. Mais quand elle fut descendue, il fut très déçu, parce qu'elle était bien moins jolie qu'il ne l'avait imaginé. Plus grave encore, dès qu'Éliza se mit à parler, des crapauds bien gras sortirent de sa bouche. Très déçu, le prince s'encourut, sauta en selle et disparut au galop.

Une heure plus tard, il passait devant l'arbre en dessous duquel Griselda était assise, toute seule. Dès qu'il la vit, il l'aima. Et quand elle eut dit quelques mots, il vit avec étonnement un rubis et trois roses tomber de sa bouche. Le prince décida immédiatement d'épouser cette jeune fille. Et même s'il avait cherché dans le monde entier, il n'aurait pu trouver meilleure épouse.

Cendrillon

Toute petite déjà, Cendrillon était un très beau bébé. Hélas, sa mère ne vécut pas assez longtemps pour voir grandir sa gentille petite fille. Mais le père de Cendrillon, un militaire, épousa par la suite une autre femme. C'était une veuve qui avait déjà deux filles très peu aimables, Anastasia et Javotte. La veuve essayait depuis longtemps de trouver un riche époux pour chacune. Dès le début, la belle-mère détesta Cendrillon, car elle s'était tout de suite rendu compte que les chances de Cendrillon de trouver un bon mari étaient bien meilleures que celles de ses deux filles. Mais elle faisait de son mieux pour ne pas montrer sa jalousie. Un jour, le père de Cendrillon dut partir à l'étranger avec son régiment. À partir de ce moment, la vie de Cendrillon changea du tout au tout. On lui retira ses beaux habits, qui furent donnés à ses deux vilaines sœurs. Elle dut aller dormir dans le grenier sombre et quitter sa jolie chambre. La belle-mère lui ordonnait de frotter les planchers et d'essuyer la poussière jusqu'au moment où elle

s'effondrait de fatigue. Le soir, Anastasia essayait en vain de tirer un son harmonieux de sa harpe, et Javotte essayait de chanter. Mais Cendrillon était chassée et devait rester à la cuisine, à s'occuper du feu, raviver les braises et trier les cendres. C'est ainsi qu'elle reçut son nom.

Anastasia et Javotte ne manquaient pas de se moquer d'elle. Mais alors même qu'elle n'avait que des haillons pour s'habiller, elle restait plus jolie que ses demi-sœurs, qui la haïssaient davantage à cause de cela.

Pendant qu'Anastasia et Javotte rencontraient des gens comme il faut, Cendrillon n'avait pour toute compagnie que des souris. Quand le roi leur envoya une invitation pour le bal, Cendrillon sut tout de suite qu'elle ne lui était pas destinée. Elle avait bien raison, car sa belle-mère ne pensa pas un seul instant à donner une chance à Cendrillon. Le jour de la fête, elle laissa la pauvre fille à la maison en train de laver et repasser les vêtements de ses filles. Cendrillon brossa et arrangea les cheveux d'Anastasia et de Javotte jusqu'à ce qu'elles en soient satisfaites. Elles pensaient qu'elles étaient les plus jolies filles à se rendre au bal.

«Rappelez-vous», leur dit leur mère, «que le fils unique du roi participera au bal! Je me vois très bien dans le rôle de belle-mère du roi.»

«Oh! maman, qu'est-ce que tu imagines là!» gloussa Anastasia.

«Ne t'emballe pas trop», répliqua Javotte.

Pourtant, elles avaient toutes les deux la ferme intention de tenter leur chance. Alors que Cendrillon les aidait à choisir les belles robes qu'elles al-laient porter pour le bal, Anastasia arrêta un court instant de s'admirer dans le miroir.

«J'imagine que Cendrillon aimerait aussi participer au bal, pas vrai?»

«Oh, oui! cela me plairait tellement!» dit Cendrillon tristement.

«Ah! ah!» ricana Javotte. «Penses-tu que quelqu'un ferait attention à une créature aussi maigre et sale que toi? Retourne à tes cendres, mais seulement après nous avoir aidées à fermer nos robes.»

Cendrillon tira sur les cordons qui fer-

maient les robes, tandis que ses sœurs retenaient leur respiration à en devenir écarlates.

«Serre encore, encore», lui disaient-elles en haletant, «c'est ta faute si nous ne paraissons pas plus minces!»

«Eh bien, nous allons certainement nous évanouir et on nous sortira de la salle raides comme des planches», soupira Anastasia.

«Peu importe, pourvu que le fils du roi nous remarque», fit Javotte d'un ton décidé.

Les préparatifs étaient enfin terminés, et elles n'avaient plus qu'à monter dans le carrosse que leur mère leur avait commandé. Quand elles furent enfin parties, Cendrillon ne put s'em-

pêcher de se sentir un peu seule dans la cuisine. Elles étaient certainement en train de chanter et de danser, de boire du champagne et du vin! Comme elle aurait aimé participer à la fête et observer le prince. Mais comment aurait-elle pu se rendre au bal avec ses sabots et sa robe toute usée? Cendrillon soupira et regarda le feu. Elle pensait aux jours heureux de son enfance. Le souvenir du temps passé lui fit monter les larmes aux yeux. Une de ces larmes tomba sur une braise rougeoyante et, au grand étonnement de Cendrillon, elle vit apparaître à sa place une lumière bleutée. Cette lumière devint si vive que Cendrillon dut fermer les yeux pour ne pas être aveuglée. Quand elle les rouvrit, il y avait une fée dans l'âtre, habillée d'un vêtement tout blanc, avec sa baguette magique à la main. Avec cette baguette magique elle se mit à dessiner des rayons lumineux dans la cuisine.

«Pourquoi pleures-tu, Cendrillon?» lui demanda la fée gentiment. «Regarde, tes larmes m'ont fait venir pour t'aider.»

Cendrillon sécha ses yeux, agréablement surprise par cette visite inespérée.

«Je ne savais pas que tu existais», dit-elle.

«Maintenant que tu le sais, quel vœu puis-je réaliser pour toi?» demanda la fée.

«J'aimerais surtout aller au bal», répondit Cendrillon qui en avait fort envie. «Mais c'est impossible.»

«Mais pourquoi?» fit la fée. «Tu n'as peut-être pas de carrosse pour t'y conduire?»

Cendrillon hocha tristement la tête.

«Bon, nous allons d'abord arranger cela», fit la fée. «Sois gentille et va me chercher le plus grand potiron du jardin.»

Cendrillon fila au jardin et revint bien vite avec un énorme potiron de son propre petit potager.

«Superbe», dit la fée. «Dépose-le dans l'herbe.»

Quand Cendrillon l'eut déposé, la fée passa sa baguette magique par-dessus et une pluie d'étincelles brillantes descendit sur le potiron. Devant les yeux ébahis de Cendrillon, il commença à gonfler, et se transforma rapidement en un superbe carrosse avec des banquettes recouvertes de soie et de velours. Même le roi n'en avait pas d'aussi beau!

«Pour tirer le carrosse, il faut des chevaux», pensa la fée. «Attrape six souris, et tu auras un attelage comme personne n'en a jamais eu dans le pays.»

Cendrillon se précipita vers un nid de souris tout proche, où elle savait que vivaient ses amies les souris, qui accepteraient volontiers de jouer au cheval pour un soir. Elles se retrouvèrent très rapidement transformées en chevaux, agitant leurs splendides crinières. Les coléoptères allaient aussi être utiles. Cinq d'entre eux furent transformés en cinq laquais.

Le plus grand devint le cocher, habillé d'une livrée magnifique, et affublé d'une grande moustache. Il fit claquer fièrement son fouet dans l'air, comme s'il n'avait jamais rien fait d'autre de sa vie. Mais le plus beau moment fut sans conteste quand la fée agita sa baguette magique au-dessus de la tête de Cendrillon. Les étincelles la recouvrirent et Cendrillon se retrouva habillée comme une princesse, dans une superbe robe de bal. Ses cheveux étaient tressés en couronne sur sa tête; elle portait un collier de diamants et de rubis au cou, et ses pieds étaient chaussés de petits chaussons de cristal idéals pour danser.

«Te voilà prête pour le bal», lui dit la fée. «Mais attention, tu dois être de retour pour minuit, car à ce moment l'enchantement s'arrêtera.»

Dès que Cendrillon arriva au bal, sa beauté fit sensation, et chacun l'admira. Le prince ne pouvait détacher ses yeux d'elle, et il dansa toutes les danses avec elle, sous le regard désapprobateur de la belle-mère et de ses deux filles jalouses. Celles-ci ne pouvaient deviner que cette dame élégante était celle qui les aidait dans toutes leurs tâches ménagères et qu'elles avaient laissée à la cuisine. Jamais Cendrillon n'avait été aussi heureuse. Ses petits pieds, dans les mules, virevoltaient sur le sol, dans les pas du prince. Tous les deux n'avaient qu'une

envie: ne plus jamais se quitter. La cloche sonna bientôt le quart avant minuit. Cendrillon s'arracha des bras du prince et se mit à courir vers son carrosse. Elle n'avait pas oublié l'avertissement de la bonne fée. Quand elle arriva à la maison, les douze coups de minuit sonnaient. Quand le dernier coup retentit, elle vit qu'elle portait à nouveau sa vieille robe en coton. Ses beaux vêtements avaient disparu, et Cendrillon pensa tout d'abord que tout cela n'avait été qu'un beau rêve. Mais, dans sa main, elle tenait un carton sur lequel le prince avait griffonné une invitation pour le bal du lendemain soir. Et, dans son

cœur, l'amour qu'elle éprouvait pour le prince était bien réel.

Quand sa belle-mère et ses sœurs rentrèrent une heure plus tard à la maison, tout était exactement comme elles l'avaient laissé. Cendrillon était assise près du feu éteint.

«Comment était le bal, sœurettes?» demanda Cendrillon.

«Oh! c'était merveilleux!» roucoula Anastasia. «Le prince était terriblement charmant. Il aurait certainement beaucoup plus dansé avec nous», susurra Anastasia en faisant des manières, «si une princesse merveilleuse n'était arrivée…»

«… et ne l'avait totalement envoûté»,

continua Javotte. «Elle a souri plusieurs fois dans notre direction, car elle avait tout de suite remarqué que nous étions du meilleur monde.»

Cendrillon mit sa main devant sa bouche pour ne pas éclater de rire.

«Racontez-moi encore un peu», fit-elle.

«Eh bien, demain soir il y a de nouveau un bal et je suis sûre que le prince nous remarquera bien plus.»

«Allons, il faut immédiatement aller au lit», ordonna la belle-mère. «Je veux que vous soyez à votre avantage demain, car peut-être que cette princesse ne viendra pas. Elle était fort pressée de partir, ce soir!»

En montant l'escalier, les deux sœurs ne purent s'empêcher de lancer une dernière pique à Cendrillon.

«C'est bien dommage que tu aies dû rester à la maison pour trier les cendres, car nous nous sommes vraiment bien amusées. Mais seules les dames de qualité sont invitées», ajouta Anastasia. «Ce n'est donc pas pour toi!»

«Non, c'est vrai», fit Cendrillon en montant dans le grenier sombre où elle dormait.

Le soir suivant, les sœurs se rendirent au bal avec leur mère. Cendrillon ne resta pas longtemps seule à la maison, car, comme le soir précédent, la bonne fée vint la rejoindre. Elle transforma de nouveau Cendrillon, qui était encore plus belle que la veille. Elle portait une cape d'hermine, une robe bordée de fourrure de renard argenté et bien sûr des chaussons de cristal. Quand Cendrillon fit son apparition, chacun fut à nouveau émerveillé par sa beauté. En premier lieu, le prince, qui ne regardait qu'elle. Cendrillon dansa valse après valse, dans les bras du prince, oubliant le temps qui passait. Elle dansait tellement passionnément avec le prince qu'elle faillit en oublier la recommandation de la bonne fée. Elle s'en souvint quand la cloche commença à sonner les douze coups de minuit. En toute hâte, elle quitta le palais et descendit l'escalier tellement vite qu'elle en perdit une de ses pantoufles de cristal. Elle savait que quand la cloche s'arrêterait de sonner

les douze coups, elle ne serait plus qu'une pauvre fille avec une robe en coton. Elle ne voulait absolument pas que le prince la voie comme cela. Bien entendu, le carrosse et les chevaux avaient déjà disparu, et Cendrillon dut se dépêcher de rentrer à pied. Elle arriva juste à temps pour ouvrir à sa belle-mère et ses deux filles, qui rentraient tout excitées par ce qui venait de se passer.

«Mais cette fois, elle a oublié sa pantoufle», raconta Javotte.

«Et le prince a fait lire un message. Celle qui pourra enfiler cette pantoufle deviendra sa femme!» ajouta Anastasia.

«Maman dit toujours que j'ai de si petits pieds. Je pense que c'est à moi qu'elles iront le mieux», dit Javotte. «Demain, un laquais du palais passera dans toutes les maisons de la ville et toutes les filles devront essayer la chaussure.»

Elles allèrent se coucher, en se disputant pour savoir à laquelle des deux la chaussure irait le mieux. Cendrillon se glissa silencieusement dans son grenier. Le lendemain, un laquais épuisé se présenta chez elles, avec quelques domestiques dont l'un portait, sur un coussin, la chaussure de cristal. Les deux vilaines sœurs avaient de la peine à attendre leur tour.

«Regarde, elle est juste à ma taille», affirma Javotte, après avoir introduit à grand-peine son pied dans la fine chaussure.

Mais quand elle essaya de marcher, le verre lui rentra dans le pied et la coupa. Elle n'eut que la solution de retirer la chaussure.

«Tu vois bien que c'est moi!» cria Anastasia, mais seul son gros orteil réussit à entrer dans la chaussure. Impossible de faire entrer le reste.

Et tandis que le laquais se retournait avec un grand soupir pour continuer sa route, Cendrillon s'avança timidement. Elle demanda si elle pouvait aussi essayer la chaussure. Le laquais avait reçu comme ordre de n'oublier personne. Bien que les trois méchantes femmes ne fussent pas d'accord, il donna son autorisation. Cendrillon mit son petit pied dans la chaussure, qui lui allait comme un gant. La belle-mère faillit s'évanouir quand elle vit cela, et les deux sœurs pâlirent.

À ce moment, la bonne fée fit son entrée. D'un geste de baguette magique, elle transforma Cendrillon en jolie princesse. Elle était habillée comme doit l'être la future épouse d'un prince. Le laquais l'invita immédiatement à prendre place dans le carrosse d'or pour la conduire auprès du prince. Et à peine une semaine plus tard, le prince et Cendrillon se marièrent.

Ils vécurent encore tous longtemps très heureux, sauf la méchante belle-mère qui ne réussit jamais à marier ses deux affreuses filles.

Le Chat botté

Il était une fois un meunier. À sa mort, il laissa tout ce qu'il possédait à ses trois fils. Le plus âgé reprit le moulin, puisqu'il y avait droit. Le deuxième hérita des deux chevaux de trait qui transportaient le grain et la farine du meunier. Pour le troisième fils, il ne restait rien d'autre que le chat de la maison, qu'il contempla d'un air soucieux.

«Pour mes frères il n'y a pas de problème; ils pourront facilement gagner leur vie au moulin. Mais toi et moi, nous devrons parcourir le monde et essayer de gagner notre croûte d'une autre manière», dit-il.

«Pour ma part je préférerais gagner quelques rats ou souris bien dodus, si tu veux bien», fit le chat de manière inattendue. «Mais si tu es malin, tu pourras certainement t'enrichir.»

«Eh bien, je ne savais pas que tu pouvais parler de manière aussi sensée», dit le plus jeune fils et son visage s'éclaira après avoir entendu ces mots. «Maintenant j'aurai au moins quel-qu'un à qui parler quand je serai sur la route.»

«Tu vas vite constater que je ne suis pas un si mauvais héritage», ajouta encore le chat. «Il faut simplement me faire tailler quelques bons habits, comme pour un gentilhomme. Et j'ai aussi besoin d'une bonne paire de bottes. Ensuite je pourrai t'aider à faire fortune.»

Le fils du meunier rit de bon cœur. Il consacra la plus grande partie de ses pauvres économies à équiper le chat, qui n'arrêtait pas de s'admirer devant le miroir avec ses nouveaux habits. Il était surtout fier de ses bottes. Il paradait sans cesse devant le plus jeune fils.

«Allons-y maintenant. Plus vite nous aurons fait fortune, mieux cela sera», dit-il.

Et ils partirent ensemble, chantant et miaulant joyeusement en direction du palais du roi. Un peu avant d'arriver, le chat sortit un grand sac. Avec le sac, il sauta au-dessus d'une haie et partit

dans le champ. Il escalada rapidement un arbre d'où il laissa pendre le sac par terre à l'aide d'une corde. Puis il attendit patiemment qu'un lapin pas très malin passe près de lui. Dès que le lapin eut sauté dans le sac, il le remonta à la vitesse de l'éclair, noua la corde et retourna auprès de son maître.

Lorsqu'ils eurent atteint le palais, le chat s'avança vivement, et demanda à parler au roi. Les gardes du palais étaient tellement étonnés de voir un chat qui parlait si bien et qui était si bien habillé, qu'ils le laissèrent entrer immédiatement et parler au roi.

Le chat fit une profonde révérence devant le roi. Il lui offrit ensuite le lapin qu'il venait d'attraper.

«Un cadeau pour Votre Majesté, provenant des terres de mon maître, le marquis de Carabas», expliqua-t-il.

«Étrange», se dit le roi, «je n'ai jamais entendu parler de ce gentilhomme-là.» Néanmoins, il demanda au chat de remercier son maître de ce beau cadeau. «Nous le mangerons avec plaisir», dit le roi.

Le chat retourna chez le fils du meunier. Il tira son épée de son fourreau et

dit solennellement:

«Je vous donne le titre de marquis de Carabas.»

Il fit un clin d'œil à son maître abasourdi. Il se mit à rire et ne s'arrêta que lorsqu'ils eurent trouvé une grotte pour y passer la nuit. Mais il ne raconta pas pourquoi il était si joyeux.

Le lendemain, le chat repartit à la chasse. Cette fois il revint avec deux perdrix bien grasses qu'il avait prises sur les terrains de chasse du roi. Sans crainte, comme la dernière fois, il se dirigea vers la salle du trône. Il donna immédiatement les oiseaux au roi.

«Avec les salutations de mon maître, le marquis de Carabas», déclara-t-il à nouveau.

«Nous aimerions bien rencontrer votre maître», dit le roi. «Il semble être aussi riche que nous. Du moins c'est ce que j'imagine quand je vois les volailles qu'il me fait remettre. Vraiment, ces oiseaux sont presque aussi dodus que les nôtres!»

Le chat passa une patte gênée et gantée de velours sur son museau.

«Le marquis de Carabas est un homme assez timide, Sire», répondit-il.

«Cependant, il a l'intention d'aller pê-

cher demain, sur la rive sud de la rivière. Si vous passiez par là, je pourrais peut-être arranger une rencontre.»

Le roi avait justement l'intention de faire ce matin-là un tour du côté de la rivière, et il promit au chat qu'il serait attentif. Le lendemain matin, le chat emmena le fils du meunier à la rivière. «Ôte tes habits et plonge dans l'eau», dit le chat. «Le marquis de Carabas doit au moins être aussi bien habillé que moi et j'ai un petit plan pour arriver à trouver de beaux habits.»

Lorsque le roi et la princesse arrivèrent, le chat courut vers eux et fit arrêter le cortège.

«À l'aide, Majesté! Mon maître, le marquis de Carabas, a voulu plonger dans la rivière et pendant ce temps un voleur est venu lui prendre tous ses habits. Puis-je demander à votre coursier d'aller au palais lui chercher des nouveaux vêtements?»

Le roi passa la tête par la porte du carrosse et vit la tête du fils du meunier qui sortait juste de l'eau.

«Heureusement que j'ai toujours avec moi des vêtements de rechange!» fit le roi. «Prenez-les pour votre maître, et dites-lui que nous allons continuer notre route jusqu'au moment où il sera prêt à nous rendre visite.»

«Il n'a pas l'air méchant», chuchota le roi à l'oreille de la princesse, pendant qu'ils continuaient leur chemin. «Si tu me le demandes, tu pourrais faire un

plus mauvais choix que de prendre pour époux un marquis aussi riche et avenant.»

Quand le fils du meunier eut enfilé les vêtements du roi, il avait vraiment l'air d'un gentilhomme. Le roi lui demanda de prendre place dans son carrosse, et ils continuèrent tranquillement leur route, tandis que le chat marchait devant, en éclaireur.

Le chat aperçut quelques paysans qui travaillaient dans les champs. Il leur dit:

«Le carrosse du roi va bientôt passer par ici. Connaissez-vous le mot de passe? Sinon, cela risque de chauffer pour vous!»

«Non, monsieur le Chat. Pouvez-vous nous le dire?»

«Peu importe ce que l'on vous demande, vous n'avez qu'à répondre: "le marquis de Carabas"», dit le chat d'un air très sérieux.

Quand le cortège royal passa devant

eux, le roi se pencha par la fenêtre, et demanda aux paysans à qui appartenait le champ qu'ils étaient en train de moissonner.

«Au marquis de Carabas», dirent-ils, parce qu'ils croyaient que c'était le mot de passe.

Le roi se tourna vers le fils du meunier, qui ne quittait pas la princesse des yeux.

«Vous avez un bien beau domaine», dit-il.

«Oh, euh, oui, merci, Sire», bégaya le jeune homme.

Il savait bien que c'était le chat qui avait arrangé cette affaire. Peut-être même qu'ils étaient devenus riches sans qu'il le sache.

Partout où ils passaient, le chat les avait précédés. Il s'arrangea pour que tous les paysans et les marchands déclarent qu'ils étaient au service du marquis de Carabas. Le roi était de plus en plus convaincu que le marquis ferait un excellent époux pour la princesse. De plus, le marquis et la princesse semblaient être d'accord sur ce point!

Un peu plus tard, le roi fit arrêter le carrosse pour commander des rafraîchissements. Pendant ce temps, le chat courut vers un grand château. Il savait que c'était le château d'un magicien très puissant. Il se précipita dans la pièce où se tenait le magicien.

«Bonjour, magicien», fit-il. «J'espère

que vous me pardonnerez ma visite, mais je passais justement dans les environs. J'ai tellement entendu parler de votre art que je n'ai pas pu résister à la tentation de vous rendre visite. Je voulais voir si vous étiez vraiment aussi fort qu'on le prétend.»

Le magicien fut très flatté d'entendre cela.

«Tout ce que tu as entendu est vrai», dit-il très fièrement. «Personne n'est aussi puissant que moi», fit-il en déposant le couteau avec lequel il avait voulu attaquer le chat. «Par exemple, je peux me transformer en n'importe quel animal.»

Et avant que le chat n'ait eu le temps de répondre, le magicien se transforma en un lion rugissant pour montrer toute l'étendue de son art.

«Magnifique!» s'exclama le chat, qui était monté aussi vite que possible en haut des rideaux. Mais vous ne me ferez pas croire que vous pouvez aussi vous transformer en quelque chose de tout petit, comme un rat ou une souris. Non, c'est sûrement trop difficile!»

«Trop difficile? Rien n'est trop difficile pour moi, regarde!»

Il se mit à rétrécir, à rétrécir jusqu'à la taille d'un petit rat brun, qui le regardait fièrement, assis sur le tapis. Pas longtemps, car le chat sauta sur lui et l'avala. Il agita une sonnette et tous les domestiques du château accoururent près de lui.

«Comme vous pouvez le constater, le magicien a disparu», leur expliqua le chat. «À partir de maintenant, ce palais appartient à mon maître, le marquis de Carabas.»

Les domestiques applaudirent, car ils étaient bien contents de la disparition du magicien qui les avait fait beaucoup souffrir. Ils étaient ravis de ne plus le revoir. Par la fenêtre, le chat vit arriver le cortège royal. Il se dépêcha de sortir et dit au cortège de traverser le pont-levis du palais.

«Bienvenue dans le château de mon maître, le marquis de Carabas», fit le chat, en saluant le roi d'un large coup de chapeau.

Le roi se tourna vers le fils du meunier. Ce dernier essayait de cacher son étonnement.

«Mais votre château est plus grand que le mien», dit-il. «Nous vous demandons, Marquis, de nous faire le grand plaisir d'épouser notre fille. Car ce n'est qu'ici qu'elle pourra vivre comme elle y est habituée.»

Le fils du meunier fut tout étonné d'entendre ces mots. Mais il était ravi que le roi lui fasse cette demande.

Ils entrèrent tous pour se restaurer. Heureusement le château était équipé de tout le nécessaire, et il y avait aussi des pièces remplies de trésors et de bijoux.

Le fils du meunier épousa la princesse. Il devint un excellent marquis, le

meilleur qu'on ait pu rêver. Le chat qui avait fait son bonheur continua à mener une existence heureuse. Parfois, très rarement, il dégustait un rat ou une souris, juste pour ne pas en perdre l'habitude!

Le Loup et les Sept Chevreaux

Il était une fois une maman chèvre qui avait sept petits chevreaux. Comme toutes les mamans, elle aimait tendrement ses sept chevreaux. Un jour, maman chèvre voulut aller chercher de la nourriture dans la forêt pour ses chevreaux affamés. Elle les rassembla autour d'elle et leur dit:

«Mes enfants, faites attention au loup pendant que je serai partie, car il est méchant et rusé; si vous le laissez entrer, il vous dévorera tous. Il se déguise souvent, mais vous le reconnaîtrez à sa grosse voix et à ses pattes noires.»

Les chevreaux dirent à leur mère:

«Petite maman, nous ferons bien attention et nous ne lui ouvrirons pas la porte. Tu peux partir sans crainte!»

Tranquillisée, maman chèvre se mit en route. Mais, au loin, le loup avait vu ce qui s'était passé et il se dit:

«Ces sept petits chevreaux feront un repas magnifique!»

Il se faufila prudemment vers la maison, regarda dans le séjour à travers la fenêtre et vit les chevreaux en train de jouer. Comme il était très impatient, et qu'il avait très faim, il résolut de ne

pas attendre plus longtemps, et frappa impatiemment à la porte.

Les petits chevreaux demandèrent ensemble:

«Qui est là?»

«C'est moi», dit le loup. «Ouvrez, mes petits, maman vous ramène à chacun un cadeau.»

Mais les chevreaux entendirent immédiatement à la voix que ce n'était pas leur mère mais le méchant loup qui parlait.

«On n'ouvre pas!» crièrent-ils. «Tu n'es pas notre mère; elle a une voix douce et gentille; la tienne est rauque comme celle du loup.»

Le gredin fut très fâché d'entendre cela, et il repartit aussitôt. Les chevreaux continuèrent à jouer, très contents d'avoir pu déjouer le mauvais tour du loup. Le loup cependant n'abandonna pas son plan.

«Ma voix rauque m'a trahi, il faut donc que je trouve un moyen de l'adoucir et de la rendre amicale.»

Soudain, il se souvint avoir entendu dire que la craie adoucissait la voix.

«J'ai trouvé!», fit-il, et il courut aussi vite que possible vers le village le plus proche. Le droguiste s'effraya très fort quand il vit entrer le loup dans son magasin.

«Donne-moi un morceau de craie et vite, sinon je me fâche!»

Le commerçant eut tellement peur qu'il donna gratuitement un gros mor-

ceau de craie au loup, à condition que celui-ci quitte son magasin au plus tôt. En retournant vers ses proies, le loup mangea le morceau de craie. Peu après, sa voix était devenue pure et douce. Tout content, il courut jusqu'à la maison des chevreaux. Maintenant ils tomberont bien dans le piège, se dit-il en se léchant déjà les babines.

Il frappa à la porte d'entrée et cria:

«Ouvrez, mes petits, maman est de retour, et a ramené un cadeau pour chacun d'entre vous!»

Les chevreaux remarquèrent que la voix n'était plus rauque, et l'un des chevreaux retirait déjà le verrou quand un autre fit remarquer:

«Notre mère nous a dit que le loup pouvait se déguiser. Aussi avant d'ouvrir, il faut d'abord regarder si ses pattes sont blanches ou noires.»

Les autres étaient d'accord et crièrent:

«Mets ta patte sur l'appui de fenêtre pour que l'on puisse voir si tu es vraiment notre mère.»

Irrité, le loup passa sa patte devant la fenêtre et les chevreaux virent qu'elle était noire.

«On n'ouvre pas. Notre mère n'a pas de patte noire, ses pattes sont aussi blanches que la neige. Toi, tu es le loup!»

Le bougre fut si fâché qu'il se serait presque mangé lui-même. Il se calma bien vite, et un autre plan germa dans son esprit. Il retourna au village, mais alla cette fois rendre visite au boulanger. Là, il montra une triste figure et dit en se plaignant:

«Ah! boulanger, je me suis tordu la patte et elle me fait très mal. S'il te plaît, frotte-la avec un peu de pâte, cela va la refroidir.»

Le boulanger, qui était un homme bon, dit:

«Je ne devrais pas le faire, car tu es un vilain, mais si tu as vraiment très mal, je vais quand même t'aider.» Il enduisit les pattes d'un peu de pâte.

«Grand merci!» dit le loup, une lueur rusée dans les yeux, et il sortit en boitant de la boulangerie. «Voilà, mes pattes sont toutes collantes, il me suffit maintenant de les recouvrir de fari-

ne bien blanche et le tour est joué! Le mieux est d'aller chez le meunier. Le moulin ne se trouve pas loin de la maisonnette des chèvres et en chemin je ferai bien attention de ne pas me salir les pattes. Je dois me dépêcher, car sinon la maman chèvre sera rentrée, et je me serai donné tout ce mal pour rien.»

Lorsqu'il arriva au moulin, il frappa avec insistance à la porte. Le meunier ouvrit et fut tout étonné d'apercevoir le loup dehors. Ce dernier lui dit tout de suite:

«Ne me regarde pas d'un air aussi idiot et verse immédiatement un peu de farine sur mes pattes!»

Le meunier se dit que le loup voulait certainement tromper quelqu'un et refusa. Mais l'animal grogna immédiatement

«Si tu ne le fais pas, je te mangerai tout entier.»

L'homme eut très peur et blanchit les pattes du loup avec de la farine. Sans un mot de remerciement, le loup quitta le moulin.

Pour la troisième fois, il frappa à la porte des chevreaux et dit:

«Ouvrez, mes enfants, c'est votre maman qui est revenue, et a ramené quelque chose pour chacun de vous!

Les chevreaux répondirent de nouveau:

«Montre-nous d'abord tes pattes, pour que nous puissions vérifier si tu es vraiment notre chère maman!»

Le loup passa une patte devant la fe-

nêtre, et quand les chevreaux la virent, ils ouvrirent la porte. Et le loup se précipita à l'intérieur. Les chevreaux étaient terrorisés! Ils avaient tellement peur qu'ils couraient dans tous les sens dans la pièce en essayant de se cacher, l'un sous la table, l'autre dans le lit, le troisième derrière le poêle, le quatrième dans la cuisine, le cinquième dans l'armoire, le sixième sous la bassine et le septième, le plus jeune de tous, sauta dans l'armoire dans laquelle se trouvait la grande horloge. Le loup resta un instant immobile en roulant des yeux, puis il cria:

«Toute cette agitation ne vous servira à rien, je vous trouverai tous!»

Il courut vers la table, le lit, le poêle, dans la cuisine, vers l'armoire et la bassine. Excepté le plus jeune des chevreaux, qu'il ne réussit pas à trouver, il les avala à toute vitesse. Et comme il avait déjà assez avec ces six chevreaux, et qu'il était très fatigué, il ne continua pas à chercher le septième. Il sortit de la maison, sans refermer la porte, et alla s'étendre dans les environs, sous un arbre. Très vite il s'endormit et se mit à ronfler bruyamment.

Peu après, la maman chèvre arriva à la maison. Elle ne savait pas pourquoi, mais, alors qu'elle était en route, elle avait soudain été saisie d'une grande crainte pour ses enfants et elle s'était tellement dépêchée qu'elle était ren-

trée beaucoup plus tôt que prévu. Elle découvrit la porte d'entrée grande ouverte. Quand elle regarda autour d'elle, son cœur cessa de battre. La table était renversée, les chaises et les bancs dispersés dans toute la pièce, la bassine brisée, les couvertures et les oreillers retirés du lit et les plumes volaient encore dans l'air. Dans la cuisine, toutes les assiettes étaient cassées, sur le sol. Les portes des armoires étaient grandes ouvertes et les jouets des enfants gisaient sur le sol, écrasés. Alors, la maman chèvre comprit ce qui s'était passé, et elle se mit à chercher partout dans l'espoir de retrouver certains de ses enfants encore en vie. Mais elle ne voyait rien, ne découvrait rien. Elle les appela tous par leur nom, mais elle n'obtint aucune réponse.

Finalement, le plus jeune des chevreaux répondit d'une toute petite voix:

«Je suis dans l'horloge, maman, et j'ai très peur.»

Elle courut vers la vieille horloge et fit sortir son enfant.

Pleurant et s'accrochant à elle, le chevreau raconta comment le loup était venu une première fois, mais qu'ils n'avaient pas ouvert parce que sa voix était rauque. La deuxième fois, sa voix était douce, mais ils l'avaient reconnu à sa patte noire et, pour cela, ils n'avaient pas ouvert la porte.

La troisième fois, il avait une voix douce et aussi des pattes toutes blanches, et ils avaient cru que leur mère était revenue.

Le chevreau se mit à pleurer encore plus fort et continua son histoire entre deux sanglots:

«Après cela, il a dévoré tous mes frères et sœurs.»

Maman chèvre ne put retenir ses larmes; elle sortit de la maison, suivie par le plus jeune chevreau. Arrivés au bord la prairie, ils aperçurent le loup endormi au pied d'un arbre, en train de ronfler tellement fort que les feuilles de l'arbre en tremblaient. Maman chèvre vit que son ventre

gonflé bougeait.

«Il y a peut-être encore un de mes enfants en vie», fit-elle, et elle dit au plus jeune: «Va vite à la maison, prends le couteau le plus aiguisé que tu trouves, ainsi que du fil et une aiguille; je pense qu'il y a encore quelqu'un de vivant dans le ventre du loup.»

Elle ouvrit le ventre du loup et à peine avait-elle fait l'entaille qu'un petit chevreau sortit la tête. Quand l'entaille fut assez grande, les six chevreaux sortirent, sans une égratignure. Le loup était tellement gourmand qu'il les avait avalés entiers!

Après quelques instants, maman chèvre dit:

«Allez me chercher des pierres, que je puisse en remplir le ventre de ce méchant loup pendant qu'il dort encore.» Les petits chevreaux rassemblèrent des pierres aussi vite que possible, et les mirent dans le ventre du loup. Maman chèvre recousit ensuite très vite le ventre, pour que le loup ne remarque rien. Quand il se réveilla, le loup avait très soif, et il voulut aller jusqu'à la source pour boire. Mais quand il se leva, les pierres dans son ventre s'entrechoquèrent. Il cria:

«Qu'est-ce qui fait autant de bruit dans mon ventre? Je pensais avoir mangé des chevreaux, mais maintenant on dirait que ce sont des pierres! Ah! que je me sens mal!»

Lorsqu'il arriva près de la source et qu'il se pencha au-dessus de l'eau, les pierres l'attirèrent vers le bas, et il se noya lamentablement. Quand les sept chevreaux virent cela, ils crièrent très fort:

«Le loup est mort! Le loup est mort!» Et ils se mirent à danser de joie autour de la source avec leur mère.

La Petite Sirène

Très loin de la côte, l'eau est aussi bleue que les fleurs des plus beaux bleuets et aussi pure que le cristal. À l'endroit où l'eau est la plus profonde se trouve le château du roi de la mer. Les murs sont d'un corail brillant, et les hautes fenêtres étroites d'ambre clair. Le roi de la mer était veuf depuis des années. Il habitait dans le château

avec sa vieille mère et ses six jolies filles, dont la plus jeune était la plus belle. Sa peau était aussi douce qu'un pétale de rose, et ses yeux aussi bleus que la mer. Tout comme ses sœurs, elle n'avait pas de pieds. Son corps se terminait en une superbe queue de poisson, décorée de six huîtres.

Toute la journée, les petites princesses jouaient dans les grandes salles du château, sur les murs desquelles poussaient des fleurs aux couleurs joyeuses. Quand elles ouvraient les fenêtres, des dizaines de poissons pénétraient en nageant et venaient leur manger dans la main.

Toutes les princesses avaient un petit lopin de terre dans le jardin; elles pouvaient le creuser autant qu'elles le voulaient et semer autant de fleurs qu'elles le désiraient. L'une avait donné à son parterre de fleurs la forme d'une baleine, une autre l'avait décoré avec des morceaux d'épave. La plus jeune des princesses avait planté sur son lopin de terre un saule pleu-

reur rouge, et y avait fait placer une sculpture en marbre qu'elle avait découverte sur le pont d'une épave. Elle aimait écouter les récits de sa grand-mère sur le monde des hommes, sur les bateaux, les villes, les plantes et les animaux de la plage.

«Quand vous aurez quinze ans», leur promit la grand-mère, «vous aurez l'autorisation de remonter à la surface, de sortir de l'eau pour regarder la côte.»

Personne d'autre que la jeune sirène n'attendait ce jour avec une telle impatience. Cinq années passèrent et, chaque année, une des sirènes montait à la surface de l'eau. À son retour, elle racontait à ses sœurs restées dans les profondeurs tout ce qu'elle avait vu, et la jeune princesse soupirait de plus belle.

Finalement, elle eut quinze ans; sa grand-mère lui offrit un diadème, et fixa huit grandes huîtres sur sa queue. Le soleil se couchait au moment où la petite sirène sortit de l'eau derrière une falaise. Elle aperçut un grand navire avec trois mâts, et nagea dans sa direction. On entendait de la musique et des chansons sur le pont et, alors que la lumière faiblissait, les matelots allumaient des centaines de lanternes colorées sur le bateau. La petite sirène nagea jusqu'à un hublot, et à chaque vague, elle pouvait apercevoir l'intérieur du bateau. Elle vit de nombreuses personnes, portant des habits luxueux, qui entouraient un jeune prince dont c'était l'anniversaire.

À ce moment, plus de cent pièces de feu d'artifice furent tirées du pont avant. La petite sirène plongea sous

l'eau, tout effrayée. Mais bien vite, elle revint, un peu hésitante, et vit encore un millier d'étoiles tomber du firmament. Elle n'avait encore jamais rien vu d'aussi beau. Il commençait à se faire tard, et la mer devint agitée. La petite sirène trouvait très agréable d'être soulevée par les vagues, mais les marins sur le navire ne partageaient pas son opinion. Le bateau craqua et trembla, le mât se brisa en son milieu et perça un trou dans le pont avant. L'eau s'engouffra avec violence dans la brèche, et le bateau commença à chavirer.

Ce n'est qu'à ce moment que la petite sirène comprit que les gens sur le navire couraient un danger. Elle vit les matelots et les gens bien habillés sauter par-dessus bord et nager pour s'éloigner le plus possible du navire.

Elle vit aussi le jeune prince, et fut contente de voir qu'il venait dans sa direction. Alors, elle se souvint que les hommes ne pouvaient pas vivre dans l'eau, et qu'il allait rapidement se noyer. Cela ne pouvait pas se passer comme cela! Elle plongea profondément, sous les planches éparses qui flottaient un peu partout, et atteignit le jeune prince, qui n'arrivait plus à se maintenir au-dessus de l'eau. Ses beaux grands yeux foncés étaient déjà fermés. La petite sirène tint sa tête au-dessus de l'eau, et nagea en direction de la terre. Elle remarqua que le prince ressemblait très fort à la statue de marbre qui ornait son petit jardin; et elle l'aimait déjà.

Le matin suivant, le soleil se leva tout rouge et brillant au-dessus de l'eau, comme s'il était gêné de la tempête qui s'était déroulée la nuit pendant son absence. La petite sirène avait maintenant atteint une baie tranquille, entourée de montagnes bleues et de bois touffus. Sur l'une des rives se dressait un superbe couvent. Prudemment, elle déposa le prince sur le sable blanc, en tournant son visage vers les rayons de soleil. Puis elle retourna vers un récif, et attendit jusqu'à ce que quelqu'un trouve le prince. Il ne fallut pas attendre longtemps pour qu'une jeune fille passe par là. Elle s'effraya, et alla chercher d'autres fillettes. Le prince ouvrit les yeux et sourit, mais la petite sirène était un peu triste: il ne regardait pas dans sa direction quand il souriait. Quand les fillettes amenèrent le prince vers le couvent, la petite sirène plongea tristement sous l'eau et retourna vers le château de son père. Sa seule consolation était de s'asseoir dans son petit jardin et d'enlacer la statue de marbre qui ressemblait au prince. Chaque soir, elle se rendait à l'endroit où elle avait laissé le prince, mais elle ne le revit jamais. À la fin, la petite sirène se dit:

«J'ai tous les éléments pour découvrir où habite le prince. Je vais aller trouver la sorcière des mers, peut-être qu'elle pourra m'aider.»

«Je sais ce que tu veux», lui dit la sor-

cière dès qu'elle vit la petite sirène. «Je vais te préparer une boisson qui changera ta queue en jambes humaines, mais cela va faire très mal, et tu ne pourras plus jamais redevenir une sirène. Si tu ne gagnes pas l'amour du prince, et si un jour il en épouse une autre, tu te transformeras en mousse, flottant sur les eaux. Veux-tu quand même tenter ta chance?»

«Oui», dit la petite sirène.

«Bon», fit la sorcière, «alors en échange il faut que tu me donnes ta jolie voix.»

La sorcière prit la voix de la petite sirène, et lui donna la boisson en échange. Elle lui indiqua ensuite comment atteindre le château du prince.

Le soleil n'était pas encore levé que la petite sirène se trouvait déjà sur les marches en marbre de l'escalier. Elle but la boisson brûlante et s'endormit immédiatement.

Quand, bien plus tard, elle ouvrit les yeux, elle vit le prince devant elle. Il lui demanda qui elle était et d'où elle venait. Elle le regarda tristement, car elle ne pouvait pas lui parler. Il lui prit alors la main et la conduisit vers le château. À chaque pas que faisait la petite sirène, c'était comme si elle marchait sur des aiguilles, comme le lui avait prédit la sorcière. Mais elle le supportait volontiers, maintenant qu'elle se trouvait à côté du prince. Elle put enfiler de magnifiques robes

et le prince vit qu'elle était la plus jolie fille du château. Il lui dit qu'elle devait toujours rester avec lui et elle reçut l'autorisation de dormir sur un coussin de soie devant sa porte.

À partir de ce jour, elle suivit le prince dans tous ses déplacements. Elle chevauchait avec lui et escaladait les montagnes bleues derrière le château, bien que ses pieds saignassent à chaque fois.

La nuit, quand tout le monde dormait

dans le château, elle descendait l'escalier de marbre et allait rafraîchir ses pieds dans l'eau de mer. Elle pensait alors à son père, à sa grand-mère et à ses sœurs qui étaient restés dans les profondeurs. Le prince aimait chaque jour davantage la petite sirène, mais il ne lui vint jamais à l'idée de vouloir en faire une reine. Et pourtant, la petite sirène devait devenir sa femme, sinon elle se transformerait le jour du mariage princier en mousse flottant sur l'eau. Chaque fois que le prince la regardait, elle soupirait très fort, car elle ne savait pas pleurer.

«Ah! il ne sait pas que je lui ai sauvé la vie», se disait-elle.

Un jour elle entendit dire que le prince allait se marier avec la plus jolie fille d'un autre roi. Elle avait vu le superbe bateau qui était ancré au pied de l'escalier de marbre.

«Je dois partir en voyage», dit le prince. «Je dois aller chez la belle princesse. Mes parents le souhaitent, ils m'obligeront à l'épouser.»

Et comme d'habitude, la petite sirène partit avec lui vers le pays voisin. Dans la nuit limpide, éclairée par la lune, elle s'appuyait au bastingage du navire et regardait dans les profondeurs des eaux pour essayer d'apercevoir le château de son père. Le lendemain, le navire atteignit les côtes du pays voisin. Toutes les cloches sonnaient, et des laquais, placés à toutes les tours du château, soufflaient dans de longues trompettes.

La princesse était tellement belle que le prince cria immédiatement:

«Oui, c'est toi, c'est toi qui m'as sauvé lorsque je me trouvais sur la plage!»

Et la petite sirène reconnut la jeune fille qui avait trouvé le prince sur la plage. Cette jeune fille avait été élevée dans le couvent pour devenir une

princesse. Le prince serra la princesse dans ses bras et dit qu'ils allaient se marier le jour même.

«Oh! que je suis heureux», confia-t-il à la petite sirène. «Je sais que toi aussi tu partages mon bonheur.»

La petite sirène lui baisa les mains, tandis qu'il lui semblait que son cœur se déchirait. Les cloches des églises sonnaient à toute volée et les hérauts annonçaient la bonne nouvelle du mariage dans les rues du royaume.

Ce même soir, le marié et la mariée montèrent à bord du navire. Les canons tiraient des salves et les drapeaux flottaient au mât central. Une tente luxueuse avait été dressée, dans laquelle le couple pourrait passer la

nuit. Les voiles se gonflaient au vent et le navire glissait sur une mer calme en direction du pays du prince.

Quand le soir commença à tomber, on alluma des lampes de toutes les couleurs et les marins se mirent à danser et à chanter sur le pont avant. La petite sirène se souvint que la première fois qu'elle était sortie de l'eau, elle avait aussi vu cette joie et cette magnificence.

Maintenant, elle participait aux danses et tout le monde l'acclamait. Elle n'avait encore jamais si bien dansé. Elle avait de la peine à rester sur ses petits pieds, mais son cœur était encore bien plus douloureux. C'était le dernier soir où elle voyait le prince. La fête sur le navire continua tard dans la nuit, et la petite sirène devenait de plus en plus triste à mesure que le temps passait. Petit à petit, le calme s'établit sur le navire. Le prince embrassa sa jolie épouse et l'emmena dans sa tente pour y passer la nuit. Tout le monde avait quitté le pont, il n'y avait plus que le timonier au gouvernail.

La petite sirène s'appuya au bastingage et regarda vers l'est pour voir le soleil se lever. Elle vit alors ses sœurs apparaître à côté de la proue. Elles étaient pâles et leurs beaux cheveux étaient coupés.

«Nous les avons donnés à la sorcière de la mer pour pouvoir t'aider, pour que tu puisses redevenir une sirène. Avant que le soleil se lève, tu dois enfoncer ce couteau dans le cœur du prince. Quand son sang tombera sur tes pieds, ils redeviendront queue de poisson, tout comme avant; tu pourras alors venir nous rejoindre et vivre pendant trois cents ans. Dépêche-toi! L'un de vous deux doit mourir, toi ou le prince.»

La sœur la plus âgée lui donna le couteau et disparut immédiatement après dans les eaux.

La petite sirène ouvrit les rideaux de la tente. Le couteau dans la main, elle regarda le prince, qui dans son sommeil prononça le nom de sa femme. Le couteau tremblait dans la main de la petite sirène et elle le jeta très loin dans la mer.

Elle regarda encore une fois le prince et se jeta à l'eau. Elle sentit son corps se transformer en mousse, au moment où les premiers rayons du soleil

annonçaient l'arrivée du matin. Tout près d'elle, la petite sirène vit des centaines d'êtres transparents qui flottaient dans l'air.

«Chez qui suis-je?» demanda-t-elle, et sa voix résonna aussi claire et fine que la plus belle musique.

«Chez les enfants de l'air», répondit un des êtres. «Nous volons vers des pays lointains pour les rafraîchir. Nous répandons le parfum des fleurs et transportons les oiseaux de branche en branche. Si nous faisons de notre mieux pendant trois cents ans, notre âme devient immortelle et nous sommes aussi heureux que les humains.»

Très étonnée, la petite sirène regarda autour d'elle. Elle vit le prince et la jolie princesse qui la cherchaient partout sur le bateau. Invisible, la petite sirène s'éleva dans l'air et vint déposer un baiser sur le front du marié. Ensuite, elle suivit les autres enfants de l'air, vers les nuages roses qui passaient dans le ciel.

Les Nouveaux Habits de l'empereur

Il y a très très longtemps vivait un empereur qui aimait tellement les nouveaux vêtements qu'il dépensait tout son argent à en acheter.

Il ne s'intéressait pas à ses soldats, ni au théâtre, ni aux artistes, ni aux chevaux, ni à ses chiens; il n'aimait même pas se promener dans les bois. La seule chose qui l'intéressait était de montrer au monde combien ses habits étaient beaux.

Il avait un costume différent pour chaque heure de la journée. Il ne savait pas lui-même combien il avait de paires de chaussures, car il en voulait des nouvelles à chaque instant.

Les serviteurs avaient beaucoup de travail avec lui. Ils devaient courir et se presser, aller chercher des habits, les rapporter, les ranger et, le soir, quand ils allaient enfin se coucher, ils étaient certainement les plus fatigués de tout le royaume.

C'est aussi pour cela que l'homme le plus important du pays, après l'empereur, n'était pas un ministre sage, ou un juge sévère, ni un comte, non, c'était le tailleur de la cour. Le roi le faisait bien venir douze fois par jour. Comme il pouvait s'emporter contre ses tailleurs, l'empereur! L'un ne terminait pas son travail à temps, l'autre employait un mauvais fil, le troisième avait fait la veste trop courte d'un centimètre, un quatrième employait des étoffes que le roi avait déjà vues la veille.

Aucun d'entre eux n'avait d'idée originale. Pas étonnant que l'empereur soit parfois de mauvaise humeur! Pas étonnant qu'il s'écriât un jour, excédé: «Ce n'est pas un tailleur que j'ai, c'est un chiffonnier!»

À cette époque, une grande fête était organisée dans la ville où habitait l'empereur. Les gens allaient joyeusement dans les rues et ruelles, et les aubergistes et hôteliers ne savaient plus où loger tous ces gens, car chaque jour de nouveaux étrangers affluaient dans la ville.

Un beau matin, deux garçons arrivè-

192

rent, qui n'avaient jamais eu d'argent en poche de leur vie. Mais ils se conduisaient et parlaient d'une manière telle qu'on aurait dit qu'ils dînaient tous les soirs chez un autre roi.

C'étaient deux escrocs, mais cela ne se voyait pas. Ils se rendirent au palais de l'empereur et voulurent entrer, mais la garde leur ferma la route. Ils affirmèrent alors être des tisserands, et dirent qu'ils avaient de nouveaux tissus pour les vêtements de l'empereur. Arrivés devant le trône de l'empereur, ils lui assurèrent qu'ils étaient en mesure de tisser la plus belle étoffe qu'on puisse imaginer. Non seulement les couleurs et les modèles étaient extraordinaires, mais les habits taillés dans cette étoffe seraient tout à fait particuliers. Ils possédaient la caractéristique étonnante d'être invisibles pour ceux qui ne faisaient pas bien leur travail, ou qui étaient très bêtes.

L'humeur de l'empereur s'adoucit quand il entendit ces mots. Enfin quelque chose de nouveau! Il caressa sa barbe soigneusement taillée et se dit: «Je vais enfin avoir de beaux habits. Quand je les porterai, je pourrai découvrir qui dans mon royaume occupe une place pour laquelle il n'est pas fait. Je vais enfin pouvoir faire la différence entre les gens bêtes et les gens malins!»

Il donna aux deux escrocs une bourse remplie de pièces d'or, comme avance pour payer leurs frais.

Les deux compères firent installer des métiers à tisser, et ils firent comme s'ils étaient occupés à tisser avec beaucoup de zèle, bien que pas un fil ne sortît de leurs mains. Malgré cela, ils firent venir les plus belles soieries et les plus belles pièces dorées, mais ils s'en remplissaient les poches, tout en continuant à tisser sur des métiers vides jusque tard dans la nuit.

«J'aimerais bien savoir où ils en sont avec leur étoffe», se dit un jour le roi, mais il ne pouvait se décider à aller voir, car il ne cessait de penser que tous ceux qui étaient trop bêtes pour remplir leur fonction ou ne convenaient pas ne pouvaient la voir.

Bien qu'il soit convaincu qu'il ne

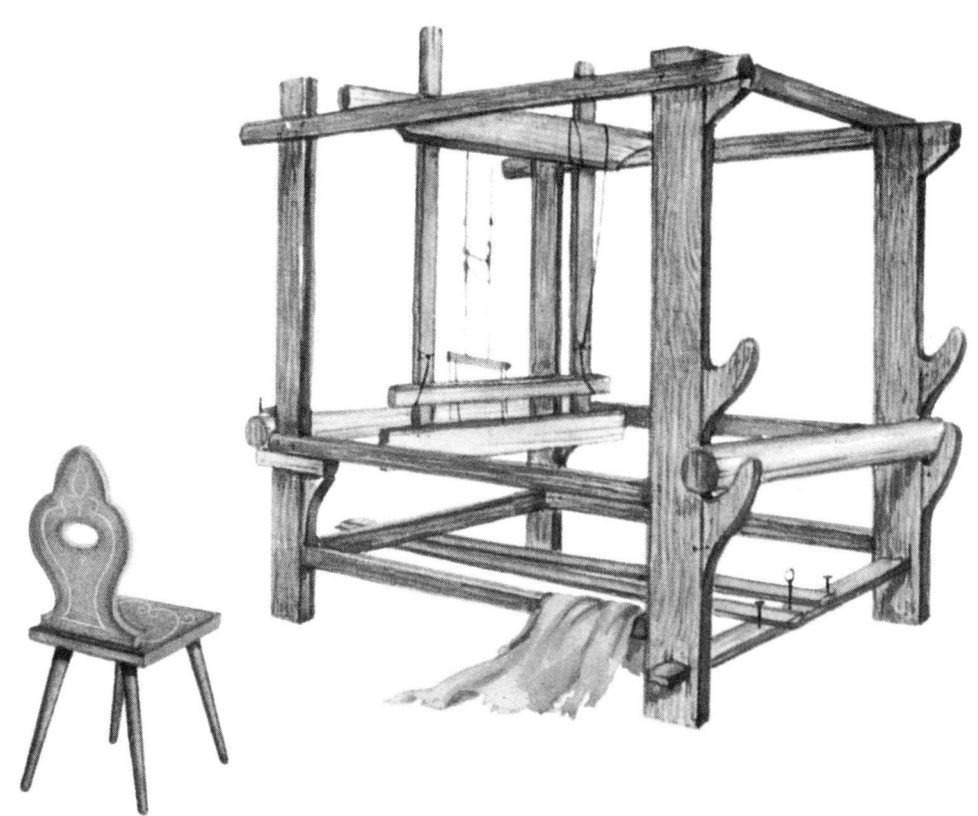

devait pas douter de ses propres capacités, il voulut quand même envoyer quelqu'un d'autre pour voir comment avançaient les choses.

L'empereur se demandait qui il allait envoyer en premier lieu, car tous les gens de la ville étaient au courant du pouvoir de ce tissu, et tous étaient curieux de savoir si leur voisin était bête ou non. Soudain, il eut une bonne idée et dit:

«Je vais envoyer mon plus vieux ministre, qui est très honnête, chez les deux tailleurs. C'est lui qui sera le plus capable de juger l'état de l'étoffe, et personne d'autre que lui ne remplit mieux sa fonction. Oui, c'est lui que je vais envoyer!»

Le vieux et bon ministre se rendit dans la salle où les deux escrocs étaient à l'œuvre, en train de tisser sur leurs métiers vides.

«Que Dieu me vienne en aide!» pensa le vieux ministre en ouvrant tout grands ses yeux et en s'appuyant sur son bâton. «Comment est-ce possible? Je ne vois rien!» Mais cela, il ne le dit pas tout haut.

Les deux escrocs firent une profonde révérence devant le ministre, et lui demandèrent très poliment de se rapprocher pour mieux pouvoir admirer

les couleurs et le motif de l'étoffe. Tout en disant cela, ils montraient les métiers vides, et le pauvre vieux ministre ouvrit encore plus grands ses yeux, nettoya ses lunettes, mais ne vit toujours rien.

«Dieu du ciel!» se dit-il, profondément choqué, «serais-je vraiment bête? Je ne l'aurais jamais pensé, et personne ne doit le savoir! Est-ce que je ne conviendrais pas à ma charge? Que va-t-il se passer si j'avoue ne pas voir l'étoffe? Non, je ne peux pas aller raconter cela, non, c'est impossible!»

«Eh bien, Monsieur le Ministre, vous ne dites rien, elle ne vous plaît pas?» demanda l'un des deux tisserands.

«Au contraire, elle est étonnante, superbe même!» répondit le ministre en regardant attentivement avec ses lunettes.

«N'est-ce pas?» dit l'autre escroc, et ils avaient beaucoup de plaisir.

«Oui», dit le ministre, «je vais dire à l'empereur qu'elle est belle. Je suis abasourdi. Ces couleurs, ce dessin!»

«Cela nous fait grand plaisir!» dirent les deux tisserands, en expliquant les nuances des couleurs et en décrivant les détails du motif.

Le vieux ministre frotta encore une fois ses lunettes et les remit fermement sur son nez. Il écouta le mieux possible pour pouvoir le raconter ensuite de la même manière à l'empereur. C'est ce qu'il fit, et l'empereur fut ravi de l'entendre.

La porte était à peine fermée sur le ministre que les deux tisserands éclatèrent de rire et se mirent à danser pour fêter leur audace.

«Hourra!» cria l'un des deux en envoyant voler son bonnet en l'air pour le rattraper sur la tête. «Qu'est-ce que je t'avais dit? Même un ministre n'est pas aussi habile que nous!»

«Oh!» fit l'autre en se moquant, et il imita le ministre: «Ces couleurs et ce motif!» Il se mit à sauter d'un pied sur

l'autre et sauta tellement fort sur le métier que celui-ci craqua.

«Eh bien!» lui dit son compagnon pour le taquiner. «Tu es un grossier personnage! Tu es en train de sauter sur la pièce de tissu la plus précieuse! Vite au travail; fais de ton mieux, car rien n'est trop bien pour l'empereur!»

«Je n'en peux plus», dit l'autre en riant. «Je ris tellement que j'en ai mal au ventre!»

«Eh oui, c'est bien vrai! Il faut absolument que nous allions manger et boire quelque chose!»

Il appela un domestique, et lui commanda le repas le plus raffiné qui soit. Il commanda tellement de choses que le serviteur dut en prendre note pour ne rien oublier, et que les plats ne tenaient pas sur le plus grand plateau du palais.

Les deux escrocs parlèrent de manière tellement hautaine au serviteur que celui-ci se sentit misérable devant eux, mais il avait l'habitude de se voir traité ainsi.

Ensuite ils se mirent à manger et à boire.

«Longue vie à la plaisanterie!» cria l'un des deux en levant son verre.

«Et longue vie à la bêtise!» dit l'autre en buvant.

Ils commencèrent ensuite à se disputer pour décider qui avait la première place parmi les vertus: la bêtise ou la ruse. Ils ne purent se mettre d'accord et décidèrent de les mettre sur un pied d'égalité.

Le jour suivant, les escrocs devinrent encore plus brutaux. Ils envoyèrent un message à l'empereur dans lequel ils disaient qu'il leur fallait encore plus d'argent et d'or pour continuer. Mais ils mirent tout dans leurs poches et l'empereur n'entendit plus jamais parler de son argent ni de son or.

Les deux continuaient à tisser et l'empereur était débordant de curiosité quand il voyait qu'ils étaient occupés tard dans la nuit, parce qu'il y avait de la lumière à leur fenêtre.

Peu de temps après, l'empereur envoya un autre homme d'État, connu pour sa sévérité et son intelligence, pour constater l'avancement du tissu.

L'homme d'État regarda, regarda et regarda, mais, comme il n'y avait rien d'autre que le métier vide, il lui était impossible de voir quelque chose.

«Ne trouvez-vous pas que cette étoffe a des couleurs très joyeuses?» demandèrent les deux escrocs, et ils commencèrent à lui vanter sous une avalanche de mots les qualités de leur étoffe, tout en montrant sa texture et sa résistance.

«Comme je ne suis pas bête, pensait l'homme d'État, il faut croire que ma charge ne me convient pas! Si l'empereur apprend cela il va me renvoyer, donc ne laissons rien paraître!»

Il se mit à louer le tissu, qu'il ne voyait pas et qui d'ailleurs n'existait pas. Il admira les couleurs et le motif. C'est certain, il le dirait au roi! C'est ce qu'il fit, et l'empereur fut très satisfait.

Partout dans le palais on parlait maintenant de cette étoffe superbe, et elle était devenue le seul sujet de conversation des gens dans les rues et sur les marchés; tous brûlaient de curiosité et d'envie de voir le tissu.

«C'est vrai, je l'ai vu», affirmait l'écrivain public.

«C'est vraiment la plus belle étoffe qui soit! Elle est tout simplement indescriptible! Comme c'est dommage que les gens bêtes ne puissent la voir!»

Certaines personnes commençaient à avoir peur et voulaient rentrer chez elles, un peu effrayées. Mais arrivées au coin de rue suivant, elles s'arrêtaient et commençaient à dire combien l'étoffe était belle et elles louaient les deux tisserands pour leur art.

L'empereur eut aussi envie de voir cette étoffe.

Avec un grand groupe d'érudits, parmi lesquels le vieux ministre et l'homme d'État raisonnable et instruit, il se rendit chez les escrocs, qui tissaient à toute allure, sans que le moindre fil sorte de leurs doigts.

«Cette étoffe n'est-elle pas merveilleuse, Majesté?» firent le ministre et l'homme d'État. «Regardez ces couleurs superbes et ce motif intéressant!» Pleins de zèle, ils tendaient leur bras en direction des métiers à tisser, parce qu'ils croyaient que les autres étaient capables de les voir.

«Qu'est-ce que cela veut dire?» se dit l'empereur, et il remarqua que son genou droit tremblait un peu. «Je ne vois absolument rien! C'est terrible! Suis-je bête? Ce serait la chose la plus terrible qui puisse m'arriver. Heureusement que les autres ne le remarquent pas! C'est pourquoi, il dit très rapidement, en étendant les bras: «Oh, que c'est beau, extraordinairement beau! Cette étoffe a toute mon approbation!»

Il regarda, content, et étudia le tissu et son motif, car il ne voulait pas dire qu'il ne voyait rien.

Les gens qui l'entouraient ne voyaient pas plus que les autres, mais ils dirent comme l'empereur:

«Que c'est beau, extraordinairement beau!» et ils lui conseillèrent de porter ces nouveaux vêtements à la prochaine fête.

Comme ils n'avaient rien vu, ils ressentaient le besoin d'en parler deux fois plus.

«Ce brillant qui la recouvre est magique!» dirent-ils tous en chœur, et chacun montrait son ravissement.

Le roi donna aux deux escrocs le titre de tisserands impériaux.

Les escrocs restèrent éveillés toute la nuit. Ils avaient allumé seize chandeliers, et les gens qui se trouvaient à l'extérieur pouvaient constater l'ardeur qu'ils mettaient à confectionner les vêtements impériaux. Ils firent semblant de retirer avec beaucoup de précaution le tissu du métier, ils le coupèrent en l'air avec de grands ciseaux, ils cousirent avec des aiguilles sans fil, et ils se montraient tellement plongés dans leur travail qu'ils en oubliaient de boire et de manger. Soudain le tisserand qui avait un long nez se piqua le doigt avec une aiguille et le sang goutta sur son pouce.

«Oh! que c'est ennuyeux!» dit-il. «Il faut que le médecin impérial vienne ici tout de suite!»

Et le médecin fit un pansement pour qu'aucune goutte de sang ne vienne salir l'étoffe précieuse. Le pauvre médecin ne fut pas remercié de sa peine, au contraire, ils l'insultèrent.

«Regarde ce que tu fais, imbécile! Tu viens de faire tomber la manche de l'empereur par terre!»

«Ne m'en veuillez pas!» fit le médecin.

Le lendemain, les vêtements étaient enfin prêts. L'empereur vint avec ses conseillers principaux, et les deux escrocs firent semblant de leur faire admirer les vêtements.

«Voici votre pantalon, et voilà votre veste, et là le manteau!» Ils tenaient les pièces en hauteur pour les faire admirer de tous les côtés. «C'est aussi léger que de la toile d'araignée; on penserait ne rien porter sur soi.»

Les deux escrocs se précipitèrent vers l'empereur et lui dirent:

«Si Votre Majesté le veut bien, elle peut retirer ses vêtements pour enfiler les nouveaux, et elle pourra s'admirer ici dans le grand miroir. On pourra ainsi voir s'il n'y a aucun défaut ou si nous devons encore modifier quelque chose.»

Le roi enleva tous ses vêtements, et les escrocs firent semblant de le vêtir avec ses nouveaux habits. Ils le firent de manière tellement convaincante que beaucoup de courtisans devinrent tout rouges, tellement ils étaient gênés de leur bêtise. L'empereur tournait sur lui-même pour faire plus vrai; il envoyait une chiquenaude pour faire tomber une poussière imaginaire, vérifia la longueur des manches, alors qu'il n'y en avait pas, et sourit de contentement aux deux tisserands.

«Hé! hé!» firent les courtisans et le ministre. «Ces vêtements vous vont à merveille et il n'y a aucun faux pli! Et cela sans essayage! C'est vraiment du très grand art! Votre Majesté est superbe!»

Mais l'empereur avait aussi amené une surprise! Il frappa dans les mains et trois serviteurs entrèrent dans la salle; le premier portait une bourse remplie de pièces d'or, le deuxième une caissette de diamants, et le troisième un coussin de velours rouge avec les deux plus grandes distinctions honorifiques du pays. Il les fixa à la poitrine des deux tisserands, et leur dit qu'à l'avenir, ils seraient les tailleurs

de la cour. Les deux escrocs firent une révérence si profonde que l'un des deux perdit son béret. Cela fut vite oublié, car le maître de cérémonie entra et dit respectueusement au roi: «Les écuyers attendent dehors avec le dais en dessous duquel Sa Majesté va faire sa promenade.»

«Regardez, je suis prêt», dit le roi. «Voyez-vous encore un défaut?»

Ensuite, il se tourna vers le miroir, et fit comme s'il se regardait une dernière fois dans ses nouveaux vêtements. Les valets, qui devaient porter la traîne, firent semblant de la saisir avec leurs mains, et suivirent l'empereur les mains tendues en l'air. Ils se sentaient bêtes et ridicules, mais ils n'osaient pas le laisser paraître. Ils arrivèrent ainsi sur la terrasse, devant le château. Les joueurs de tambour et de flûte étaient prêts et, lorsqu'ils virent l'empereur arriver dans ses sous-vêtements, ils furent presque incapables de sortir un son de leur instrument de musique. L'empereur avançait plein de dignité sur le tapis rouge qui allait vers l'escalier. Les deux gardes ouvrirent la bouche d'étonnement, mais c'étaient des soldats qui en avaient vu d'autres, donc ils se turent et tinrent leur hallebarde bien droite. Un garçon souffla dans une trompette. Les armes royales étaient dessinées sur l'étendard qui pendait à la trompette. Il fit une fausse note, mais personne ne s'en rendit compte! Le maire attendait au bas de l'escalier, l'écrivain public et beaucoup d'autres citoyens de la ville les entouraient. Le maire voulut commencer son discours, mais les premiers mots restèrent coincés de peur dans sa gorge. «Ciel!», se dit-il. «Le doute n'est plus possible! Ou je suis bête ou je ne mérite plus ma charge! Mais je ne vais rien en laisser paraître.»

«Oh, Majesté!» fit-il ensuite, «quel dessin, quelles couleurs superbes! Les mots me manquent, mais il est certain que nulle part au monde personne n'a d'aussi beaux habits que ceux-là!»

«Et ils ne vont qu'à moi!» dit l'empereur qui continuait à avancer.

Il n'y avait plus personne dans le château; tout le monde était parti en ville, seuls les deux escrocs s'y trouvaient encore. Ils éclatèrent de rire. Puis soudain, ils redevinrent sérieux et se dépêchèrent.

«Où se trouve l'argent?» demanda l'un.

«Où as-tu caché l'or?» demanda l'autre. «N'oublie pas les bijoux!»

«Non, je ne suis pas fou! Mais aide-moi à porter ce ballot de soie, c'est aussi lourd que du plomb!»

Ils eurent besoin de sept chevaux pour tout emporter, puis ils quittèrent la ville par la grande porte, et quand ils eurent atteint les champs, ils se retournèrent tous les deux et firent un grand pied de nez.

Mais dans la ville, l'empereur continuait à avancer tout droit sous son dais; les écuyers portaient la traîne qui n'existait pas, et derrière il y avait ses neveux, la femme du chef de la cour, le ministre et sa femme, et tous les autres gens de la cour. Les gens dans la rue regardaient très choqués, mais ils disaient:

«Ciel! que ces vêtements sont beaux! Et cette traîne!»

Personne ne voulait laisser paraître le fait qu'il ne voyait rien, sinon il aurait été considéré comme très bête ou inapte à exécuter sa charge, et personne ne voulait l'admettre.

Celui qui parlait le plus fort et le plus, c'était certainement l'écrivain public, dont les gens disaient souvent qu'il n'était pas des plus intelligents. Il était là, faisait tournoyer ses bras dans les airs, admirait le dessin et les couleurs, virevoltait autour du roi, et se pavanait comme un paon.

L'empereur était très heureux que la foule se montre tellement enthousiaste, c'est pourquoi il quitta la ville et alla à l'extérieur où se trouvaient encore quelques maisons.

«Mais il n'a pas de vêtements!» dit finalement un petit garçon qui avait des taches de rousseur sur le nez et qui avait l'air d'être très malin.

«Oh, mon Dieu! Écoutez la voix d'un enfant innocent!» dit le père effrayé, et les gens autour de lui se chuchotaient d'oreille en oreille ce que le garçon venait de dire.

«Mais il n'a absolument rien sur lui!» cria la foule.

L'empereur se sentit très choqué, car il lui semblait qu'ils avaient raison, mais il se dit en lui-même:

«Maintenant il est trop tard. Je dois aussi tenir le coup sur le chemin du retour.»

204

Le Roi grenouille

Il était une fois, il y a très très long-temps, tellement longtemps que plus personne ne sait exactement quand, un roi. Il était sage et bon, et ses sujets l'aimaient beaucoup. Ses filles étaient toutes très jolies, mais la plus jeune était tellement belle que même le soleil, qui en avait déjà vu beaucoup, était étonné, à chaque lever, de sa beauté. Tout près du château du roi, il y avait un grand bois sombre et là, tout à fait recouverte par un très vieux tilleul, coulait une source. C'est là que la plus jeune des princesses aimait venir s'asseoir. L'endroit était calme et ombragé. Quand la journée était très chaude, la jeune fille partait dans le bois et se mettait au bord de la source. Là, elle rêvait et passait ainsi un bon moment. Elle aimait entendre les oiseaux chanter, regardait les feuilles des arbres qui se balançaient au ryth-me du vent et, de temps en temps, elle voyait passer un cerf bondissant. Elle pouvait rester des heures durant à cet endroit, car elle savait que le château de son père était tout proche. La seule chose qu'elle trouvât un peu mysté-rieuse était la source, car l'eau était immobile et d'un noir profond, et l'on n'arrivait jamais à en apercevoir le fond. La princesse se disait souvent

que cette source devait avoir quelque chose d'étrange. Alors elle lançait sa balle au-dessus de sa tête, jusque dans les branches d'arbres, pour la rattraper et la relancer aussitôt. C'était son jeu favori, elle pouvait passer la matinée à jouer ainsi avec sa balle en or.

Mais un jour, elle n'arriva pas à rattraper la balle, qui retomba sur le sol, et de là roula dans la source. La fillette s'effraya. Pâle de peur, elle regarda sa balle et vit que celle-ci disparaissait lentement sous la surface de l'eau. La source devait être infiniment profonde, car personne, même par temps de grande sécheresse, n'en avait jamais aperçu le fond. À cette pensée, la fillette se mit à pleurer sans pouvoir s'arrêter, car cette balle avait été son jouet favori. Et tandis qu'elle était assise là, tout en pleurs, les animaux du bois eurent pitié d'elle. Soudain l'un d'entre eux cria:

«Qu'est-ce qui se passe, princesse? Tu es tellement triste qu'on entend tes pleurs de partout.»

La fillette regarda autour d'elle, car elle était surprise, et voulait savoir à qui appartenait cette voix. Elle aperçut une grenouille, qui sortait sa vilaine tête curieuse de l'eau. La princesse prit peur, car elle n'avait encore

jamais vu un être vivant dans l'eau de la source. Mais malgré sa peur elle dit: «Oh, je pleure parce que ma balle en or est tombée dans l'eau!»

«Calme-toi et cesse de pleurer», répondit la grenouille. «Je peux t'aider, mais que me donneras-tu pour ma peine, si je te ramène ta balle en or?»

«Tout ce que tu voudras, gentille grenouille», répondit la fillette. «Mes perles et mes pierres précieuses, des pièces d'or, des rubis et des diamants, ce que tu veux!»

La grenouille répondit:

«Je n'attache aucune importance aux richesses. Non, mon souhait est tout différent et si tu le remplis, alors j'irai chercher ta balle dans la source la plus profonde qui soit.»

«Que veux-tu, alors? Dis-le!» cria la fille du roi.

«Je désire que tu m'aimes, devenir ta compagne de jeu, recevoir des morceaux de ton repas, et pouvoir dormir la nuit près de toi!»

La fille du roi fut d'accord, car elle se disait:

«Elle en dit des bêtises, cette grenouille. Elle doit rester avec ses semblables dans l'eau et ne pourra jamais être la compagne de jeu d'un humain.»

Sur cette assurance, la grenouille plongea immédiatement vers le fond

de la source. Après un moment, elle revint, tenant dans sa bouche la balle en or de la princesse, qu'elle lui lança. La fille du roi fut très heureuse d'avoir retrouvé son jouet favori. Elle le saisit, et s'éloigna sans s'embarrasser de la petite grenouille. Elle ne l'avait même pas remerciée.

«Eh, attends-moi!» cria celle-ci; «je ne sais pas courir aussi vite que toi!»

Mais cela ne servait à rien qu'elle appelle la princesse en coassant, puisque celle-ci ne se retournait pas, et courait à toutes jambes vers le château. La pauvre bête fut bien vite oubliée.

Le lendemain, la princesse se trouvait assise avec son père le roi à une table de fête, quand quelque chose monta les marches de l'escalier en se traî-nant. Un peu plus tard, on frappa à la porte, et une voix cria:

«Princesse la plus jeune, ouvre!»

La fillette alla à la porte, car elle était curieuse de savoir qui se trouvait là. Elle eut de nouveau un mouvement d'hésitation, comme elle en avait eu un la veille devant la source. Quand la princesse ouvrit la porte et qu'elle aperçut la grenouille, elle referma aussitôt. Et sans un mot elle alla reprendre sa place à table.

Le roi vit que quelque chose s'était passé et lui demanda:

«Mon enfant, qu'est-ce qui t'a tant effrayée? Y a-t-il un géant devant la porte qui veut venir te prendre ou quelque chose de ce genre?»

«Oh non», répondit-elle, «c'est seule-ment une bête grenouille.»

«Qu'est-ce qu'elle te veut, pourquoi vient-elle ici?» demanda encore le roi. «Hier, quand j'étais dans le bois assise près de la source», fit la princesse, «ma balle en or est tombée dans l'eau. Et comme je pleurais très fort, cette grenouille est allée me la chercher. Mais j'ai dû lui promettre qu'elle deviendrait ma compagne de jeu. Je ne savais pas qu'elle le pensait vraiment, et je ne voulais plus jamais la voir. Elle est toute mouillée et affreuse, j'en ai vraiment peur.»

Les servantes qui avaient entendu l'histoire riaient en cachette. La princesse était bien attrapée maintenant!

Soudain, on frappa une deuxième fois à la porte. La princesse devint toute pâle. Mais le roi dit:

«Va, ma fille, et ouvre-lui. Il faut toujours tenir ses promesses!»

Elle alla jusqu'à la porte et fit entrer la grenouille, qui la suivit jusqu'au pied de la table. Elle lui cria qu'elle devait la soulever, et la princesse le fit, après que le roi le lui eut ordonné. Arrivée sur la table, la grenouille lui dit:

«Maintenant nous allons manger

ensemble dans ton assiette en or!»

La princesse obéit, mais on voyait qu'elle ne trouvait pas cela agréable du tout. La grenouille apprécia le repas, mais la princesse ne put avaler une seule bouchée. Finalement la grenouille déclara:

«J'ai assez mangé et je suis fatiguée, emporte-moi dans ta chambre, nous allons dormir ensemble dans ton petit lit!»

La fille du roi éclata en sanglots; elle avait si peur de la grenouille toute froide qu'elle n'osait même pas la prendre dans ses mains, et maintenant elle voulait en plus dormir dans son lit. Le roi se fâcha et cria:

«Celui qui t'a aidée quand tu étais dans le besoin, tu ne peux pas le laisser tomber maintenant.»

La princesse saisit l'animal avec deux doigts, le monta et le déposa dans un coin. Puis elle voulut quitter la chambre, car elle ne trouvait pas cela agréable du tout de devoir dormir avec cette grenouille. Mais elle n'avait pas fait assez attention. La grenouille se glissa sous la porte et courut derrière elle. Elle se mit à courir le plus vite possible dans tout le palais. La grenouille la suivait partout, et quand la princesse pensait enfin lui avoir échappé, elle arrivait droit sur elle. Les gardes et les serviteurs regar-

daient avec étonnement cette grenouille, car c'était amusant de voir l'animal sautiller le long des murs. Seule la petite princesse ne trouvait pas cela drôle, elle en aurait bien pleuré, mais comme elle était fille de roi, elle n'osait pas. Elle monta sur la plus haute tour du château et voulut laisser tomber la grenouille de là-haut. Mais la grenouille s'échappa et lui dit:

«Pourquoi es-tu mon ennemie? Je t'aime, viens, allons dormir.»

La princesse hurla:

«Tais-toi!» Et en traînant les pieds elle se dirigea vers sa chambre à coucher.

Elle devait s'incliner, car elle ne voyait pas d'autre solution. Soudain, elle eut une idée. Elle fit venir son petit chien, en espérant que la grenouille en ait peur et s'enfuie.

La grenouille l'avait suivie jusqu'au bord du lit et regardait la princesse avec ses grands yeux humides. La princesse lâcha son chien. Mais la grenouille n'avait pas peur, et restait assise à sa place. Le petit chien de la princesse n'avait pas l'intention de lui faire du mal; il alla se coucher sur le coussin de soie et regarda calmement ce qui allait se passer. La grenouille essaya de grimper sur la couverture, mais cela n'allait pas. La princesse avait terriblement peur; mais soudain elle découvrit quelque chose qu'elle n'avait pas encore remarqué: la grenouille portait une petite couronne en or.

La grenouille lui dit:

«Princesse, j'en ai assez. Je veux que tu me prennes dans ton lit!»

La princesse se fâcha terriblement à ces mots, et elle ramassa la grenouille pour la lancer contre le mur en hurlant:

«Voilà, affreuse grenouille, contente-toi de cela!»

La grenouille ne se fit aucun mal, mais la princesse la jeta une nouvelle fois contre le mur. La troisième fois cependant, la grenouille vola contre le miroir, et, soudain, l'animal disparut. La fille du roi regarda partout autour d'elle, elle ne comprenait plus rien. Soudain, elle se trouva face à face

avec un très beau prince, qui lui sourit gentiment. Elle fut d'abord fort effrayée, mais le prince lui fit une belle révérence et lui dit:

«N'ayez pas peur, princesse, je ne vous ferai rien. Si vous le permettez, je vais vous raconter mon histoire.»

La princesse était d'accord et, main dans la main, ils s'assirent au bord du lit.

Le prince commença:

«La grenouille que vous trouviez si

laide tout à l'heure, c'était moi, princesse. Une méchante sorcière m'avait transformé, et vous seule pouviez m'aider.»

La fille du roi demanda très curieuse: «Mais, prince, pourquoi cette sorcière vous a-t-elle transformé?»

«Je devais épouser sa fille, une affreuse princesse, mais je ne voulais pas, alors j'ai été transformé et sa mère me dit: "Tu ne veux pas épouser ma fille, la princesse la plus laide de la terre? Eh bien, tu resteras alors une vilaine grenouille jusqu'à ce qu'une belle princesse te délivre!"»

La fille du roi dit:

«Que je suis contente que mon père m'ait obligée à tenir ma promesse. Sinon, vous seriez encore toujours une pauvre grenouille et non un beau prince.»

Soudain, la porte s'ouvrit et le roi vint voir comment allait sa fille. Quel ne fut pas son étonnement de voir là un prince, qui se leva à son entrée et lui fit une profonde révérence! La princesse raconta toute l'histoire à son père, et le lendemain, bien que personne ne sache comment cela s'était fait, il était certain que le prince et la princesse allaient se marier. Tout le monde trouva que c'était une bonne idée. Il ne fallut pas attendre longtemps pour que les jeunes mariés montent dans un carrosse tiré par huit chevaux blancs et partent vers le lointain et merveilleux pays du roi grenouille.

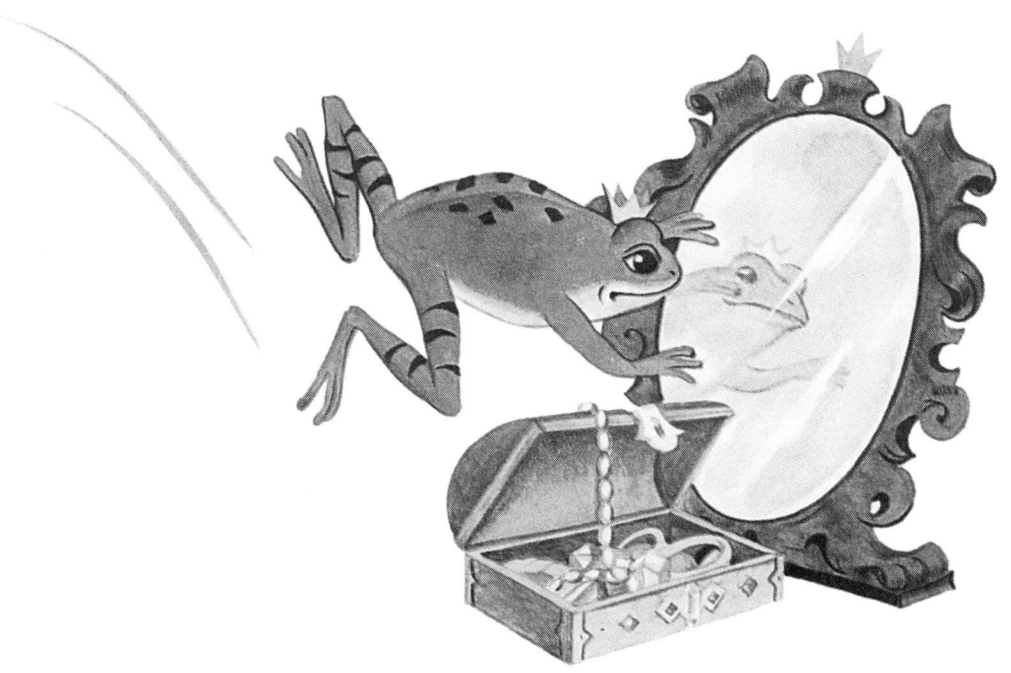

Les Musiciens de Brême

Il était une fois un homme qui avait un vieil âne fidèle avec un licou rouge. Pendant de nombreuses années, il avait sans se plaindre porté les lourds sacs au moulin et tiré la lourde charrette.

Maintenant ses forces commençaient à diminuer, et ce travail devenait chaque jour plus dur. Son maître décida de se débarrasser de cette bouche inutile. L'âne remarqua que quelque chose de mauvais se préparait et s'enfuit. Il réfléchit à la manière dont il pourrait gagner sa vie et décida de se rendre à Brême. Il pourrait devenir musicien, dans la fanfare de la ville. Alors qu'il était en route depuis un moment, solitaire et triste, il rencontra un vieux chien de chasse brun, qui haletait sur le chemin comme s'il venait de parcourir un long trajet.

«Pourquoi renifles-tu ainsi, mon ami, comme un poisson qui manque d'air?» demanda l'âne.

«Ah», dit le chien, «parce que je suis vieux et que je m'affaiblis de jour en jour, et qu'à la chasse je ne cours plus assez vite derrière les lièvres; mon maître voulait m'abattre. Je me suis enfui, mais comment vais-je gagner ma vie maintenant? Je ne trouverai pas de nouveau maître à mon âge.»

«Sais-tu ce que nous allons faire?» proposa l'âne. «Je vais à Brême pour y devenir musicien. Viens avec moi, et fais-toi aussi inscrire à la fanfare. Je jouerai du luth et toi de la timbale.»

Le chien trouva l'idée bonne, et ils continuèrent leur route ensemble. Un peu plus tard, ils virent un chat tout noir courir devant eux, avec des larmes qui coulaient sur ses joues et qui avait une face de carême.

«Que t'arrive-t-il?» demanda l'âne.

«Penses-tu que je puisse être joyeux et content quand mes jours sont en danger?» répondit le chat.

«Mais qui donc te veut du mal et pourquoi?» demandèrent ensemble l'âne et le chien.

«Parce que je deviens vieux, que mes dents ne sont plus aussi pointues, et

219

que je préfère rester près du poêle à me chauffer plutôt que d'attraper les souris, ma maîtresse a voulu me noyer. J'ai juste eu le temps de m'enfuir. Mais que vais-je devenir maintenant? Trouver un endroit chaud et agréable n'est pas facile pour un vieux chasseur de souris, raidi par l'âge.»

«Viens avec nous à Brême. Tu as déjà souvent joué de la musique la nuit, tu pourras certainement devenir musicien, lui proposèrent ses deux compagnons de route.»

Le chat se laissa tenter par cette idée, et se joignit aux deux autres. Bientôt les trois compagnons passèrent devant une ferme et, sur une haie, ils virent un coq tout chamarré, qui poussait son cri de toutes ses forces.

«Ce bruit me transperce jusqu'à la moelle», s'écria l'âne. «Y a-t-il le feu quelque part pour que tu chantes si fort?»

«Oh! oh!», répondit le coq, «mais le monde en vaut bien la peine! Pendant des années j'ai fait mon devoir sans me plaindre ni rouspéter. Demain, il y a des invités et, malgré mon grand âge, la fermière n'a pas pitié de moi. Elle a donné l'ordre au cuisinier de

me mettre dans la soupe. Ce soir j'aurai la tête tranchée. C'est pourquoi je chante de toutes mes forces, tant qu'il me reste un peu de temps pour le faire.»

«Mais qui donc se laisse couper volontairement la tête, quand il l'a encore sur les épaules et peut continuer à réfléchir?» fit l'âne. «Viens avec nous, il y a certainement quelque chose de mieux à trouver que la mort. Nous allons à Brême pour devenir musiciens. Tu as une assez bonne voix, et si nous faisons de la musique ensemble, ce sera certainement très beau.»

Le coq fut vite convaincu, sauta de la haie et ils continuèrent leur route à quatre. Le cuisinier devrait trouver une autre victime pour la soupe de dimanche.

La route était longue jusqu'à Brême, et les quatre amis ne pouvaient pas atteindre la ville en une journée. Vers le soir, ils arrivèrent près d'un grand bois et l'âne qui menait la petite troupe dit:

«Écoutez, camarades, nous ne sommes plus tellement jeunes, et ce n'est pas bon d'user nos vieux membres davantage. De plus la nuit n'est pas faite pour se promener. Passons-la dans la forêt et nous repartirons au lever du jour.»

Les amis décidèrent de trouver chacun un endroit qui lui conviendrait pour dormir. L'âne et le chien s'allongèrent sous un grand arbre, dont les feuilles les protégeaient. Le chat escalada le tronc et se trouva un endroit entre les branches, et le coq vola jusqu'au sommet. Avant de s'endormir, il se tourna encore une fois vers les quatre points cardinaux. Il se tourna

d'abord vers l'ouest, vers le soleil couchant, puis il regarda vers le sud, vers le ciel étoilé, puis vers l'est où il verrait à nouveau se lever le soleil, et finalement vers le nord où l'étoile polaire lui souhaita bonne nuit. C'est dans cette direction qu'il aperçut, pas très loin de là, une petite lumière dans le bois. Il appela ses amis et leur dit qu'il devait y avoir une maison pas loin de là. L'âne constata:

«Il faut y aller, malgré l'heure tardive,

car cet endroit n'est pas idéal pour nos vieux os. Il y fait humide et le vent me transperce.»

Le chien ajouta que quelques vieux os enveloppés d'un peu de viande lui feraient du bien. Le chat espérait trouver une place derrière le poêle et le coq n'avait pas fort envie de passer la nuit en haut de l'arbre comme une sorte de girouette. Ils se remirent donc en route à travers le bois, vers la lumière qui devenait de plus en plus vive. Ils se trouvèrent finalement devant une maison de brigands, dont la lampe éclairait les arbres et les buissons. L'âne, qui était le plus grand d'entre eux, courut vers la fenêtre éclairée et regarda à l'intérieur.

«Que vois-tu?» lui demanda le coq.

«Oh! mes amis», répondit l'âne, «je vois une table richement couverte de bonnes choses à boire et à manger. Il y a des brigands assis autour de la table et ils se régalent.»

«Combien de brigands?» demandèrent les autres.

«J'en vois trois», annonça l'âne. «L'un est certainement le chef, car il a une

223

moustache filasse et porte un chapeau pointu avec une plume dessus. Un autre me semble un type faux avec un bandeau sur l'œil. Le troisième, avec ses cheveux gris, a l'air vraiment idiot.»

«Et ce sont des types comme ceux-là qui sont assis au chaud et qui prennent du bon temps!» gémit le chien.

«Cela ferait une bonne auberge pour nous», gloussa le coq.

«Bien manger et ronronner près du feu», miaula le chat, et un frisson de plaisir traversa sa fourrure noire.

Ils réfléchirent ensemble pour trouver la bonne manière de chasser les brigands. Finalement, ils eurent une bonne idée: l'âne devait poser ses pattes avant sur l'appui de fenêtre, le chien grimperait sur le dos de l'âne, le chat viendrait s'agripper au chien, et le coq volerait jusque sur la tête de l'âne. Quand ils furent placés, ils se mirent à faire tous ensemble leur musique: l'âne se mit à braire de toutes ses forces, le chien aboya aussi furieusement qu'il put, le chat miaula tellement sauvagement qu'il en donnait la chair de poule et le coq lança son cocorico le plus aigu possible. Ensuite, ils se précipitèrent à l'intérieur par la fenêtre, en faisant éclater la vitre en mille morceaux.

Les brigands furent effrayés par le bruit terrifiant, renversèrent leurs chaises et leurs verres de vin. Ils pensèrent à une attaque de la racaille, et s'enfuirent aussi vite que possible dans le bois.

La maison était vide, et les quatre

voyageurs allèrent s'installer confortablement à table et se régalèrent de ce que les brigands avaient laissé sur la table. L'âne mangea des laitues et des carottes, le chien, de la saucisse et de gros os. Le chat trouva du poisson frais et le coq fut ravi de picorer dans le pain et l'avoine. Ils mangèrent comme s'ils devaient faire des réserves pour quatre semaines, car ils ne savaient pas ce que l'avenir allait leur réserver.

Quand la nourriture fut mangée, ils éteignirent la lumière et chacun chercha le meilleur endroit pour dormir. L'âne alla se coucher sur le tas de fumier derrière la maison, où il put s'étirer dans la chaleur; le chien s'enroula sur lui-même derrière la porte et grogna de contentement. Le chat se mit près du poêle, où il ronronna bien vite de plaisir; le coq se chercha l'endroit le plus haut sous le toit et se cacha la tête sous les plumes. Parce qu'ils étaient tous fatigués de leur long voyage, ils s'endormirent très vite, et rêvèrent des beaux jours qu'ils avaient vécus: l'âne se vit en train de transpor-

ter des sacs très lourds vers le moulin, quand il était encore jeune et plein de force, et que son maître le récompensait avec une bonne et abondante nourriture. Le chien était à la chasse avec son maître, et courait derrière tous les lièvres. Le chat rêvait de souris grasses et de bon lait. Le coq se pavanait dans la cour au milieu de ses nombreuses poules, fier de son harem. Quand minuit eut sonné, les brigands virent de loin qu'il n'y avait plus de lumière dans la maison et que tout était calme. Le chef des brigands dit à ses gens:

«Nous n'aurions pas dû nous enfuir si vite.»

Et il envoya le brigand qui avait l'air idiot se rendre compte de ce qui se passait dans la maison, car lui n'osait pas s'y risquer. Le brigand s'avança sur la pointe des pieds. Il vit que tout était calme, et il alla à la cuisine pour y faire de la lumière. Il prit les yeux du chat pour des braises ardentes, et mit l'allumette devant pour pouvoir allumer sa bougie. Mais le chat n'appréciait pas ce genre de plaisanterie, et se redressa d'un bond, en griffant et mordant le brigand au visage et en soufflant de colère. Le brigand prit peur et commença à hurler de toutes ses forces. Il se mit à courir en rond et voulut fuir par la porte de derrière, mais le chien qui se trouvait là sauta sur lui et lui mordit fortement la jambe. Quand il sortit de la ferme par le tas de fumier, l'âne se leva et lui donna une bonne ruade avec les pattes arrière.

Le coq, qui avait été réveillé par tout

ce bruit, se mit à crier «Cocorico, cocorico!» à pleins poumons.

Le brigand revint hors d'haleine chez son chef et lui dit:

«C'est le diable en personne avec tous les esprits malins qui est venu habiter notre maison. Près de la cheminée, une affreuse sorcière m'a regardé avec ses yeux empoisonnés, et m'a griffé le visage avec ses longs ongles. Devant la porte, un homme grand et fort m'a frappé à la jambe avec un couteau. Dans la cour, un être noir m'a frappé avec une pelle, tellement fort que je peux être content d'en être sorti vivant. Et tout en haut du toit, il y a le juge qui crie tout le temps: "Apporte-moi ce gredin, apporte-moi ce gredin!" Alors j'ai pris mes jambes à mon cou et je suis revenu ici.»

À partir de ce moment, les brigands n'osèrent plus jamais retourner dans leur maison. Les quatre musiciens de la ville de Brême trouvèrent l'endroit très agréable et ne le quittèrent jamais.

La Fille du meunier

Il était une fois un meunier. Sa maison se trouvait près d'un ruisseau, dans une belle vallée. Le moulin tournait depuis la nuit des temps et, de mémoire d'homme, il avait toujours moulu le grain des fermes environnantes.

Le ruisseau coulait encore toujours devant la maison, et entraînait la vieille roue, mais la roue elle-même était branlante et usée par le temps. Elle craquait dans ses gonds usés et sales.

Le moulin ne rapportait plus grand-chose à son propriétaire. Le meunier était aussi pauvre qu'un rat d'église, et sa famille avait souvent faim. C'était cependant un vantard de premier ordre, et il ne voulait pas admettre qu'il était très pauvre. Il prétendait à

qui voulait l'entendre qu'il possédait des trésors immenses, et qu'un jour il habiterait dans un château. Les voisins riaient de l'entendre et l'appelaient entre eux le beau parleur, quand il passait avec ses vêtements usés. Le plus grand trésor du meunier était certainement sa fille, qui était une gentille petite blondinette qui portait de superbes tresses que tout le monde admirait. Un jour, le roi visitait son pays et s'entretenait avec les gens qu'il rencontrait. Il demandait aux paysans de lui raconter leurs joies et leurs peines, et il les écoutait parler de leurs soucis, car c'était un jeune roi qui voulait bien gouverner. Il arriva ainsi près du vieux moulin le long du ruisseau. Le meunier vint à la porte et se mon-

tra fort honoré de cette visite inattendue.

«Eh bien! meunier», lui demanda le
roi, «ton moulin a l'air bien vieux et
usé; est-ce qu'il te donne encore assez
pour vivre, toi et ta famille?»

«C'est vrai que le moulin est vieux»,
répondit le beau parleur, «mais il sert
encore, de sorte que nous ne souffrons
pas de la faim.» Et pour faire encore
meilleure impression, il ajouta: «Et j'ai
ma fille qui file de l'or avec la paille.»

«Voilà un art qui me plaît», fit le roi, et
il leva les sourcils, comme s'il attachait
de l'importance aux paroles du meunier. «Si ta fille est vraiment aussi

habile que tu le dis, amène-la demain au palais pour que je puisse l'admirer.»

À ces mots, le roi prit congé et le meunier se mit à se frapper la tête, car avec ses vantardises il s'était mis dans une situation impossible. Car il était bien sûr d'une chose: s'il ne conduisait pas sa fille demain au palais, les serviteurs du roi seraient vite chez lui pour le jeter au cachot où il pourrait réfléchir à ses bêtises.

La femme du meunier, qui avait tout entendu, injuria son mari pour son inconscience et le grand malheur qu'il venait de faire tomber sur sa famille.

La fille du meunier était assise à table, les yeux pleins de larmes amères qu'elle versait de peur. Qu'allait-elle faire quand elle serait au palais et que le roi lui demanderait de filer de l'or avec la paille, car c'était là une chose que personne au monde ne savait faire? Mais rien n'y fit, elle devait suivre son destin. Lorsque la jeune fille arriva près du roi, il l'amena dans une pièce du palais qui était remplie de paille, lui donna un rouet et un fuseau, et dit:

«Mets-toi à l'ouvrage, et si ce soir tu n'as pas filé toute cette paille en or, tu mourras.»

Le roi ferma lui-même la porte à clé, et la jeune fille resta toute seule. Elle ne savait vraiment pas que faire. Elle avait de plus en plus peur et se remit à pleurer très fort.

Soudain la porte s'entrouvrit, un petit peu et un nain entra dans la pièce. Il avait des cheveux rouges comme le feu. Il portait un étonnant petit bonnet à pointe sur lequel était fixée une plume luxueuse.

«Bonsoir, mademoiselle la fille du meunier, pourquoi pleures-tu ainsi?» lui demanda le petit bonhomme, en la regardant de ses petits yeux rusés et brillants.

«Ah!», répondit la fillette, «je dois filer cette paille pour en obtenir de l'or et je ne sais pas faire cela.»

«Que me donneras-tu si je la file pour toi?» demanda le nain.

«Je te donnerai mon collier», proposa la jeune fille.

Le nain accepta, et se mit à filer la paille à toute vitesse. En deux temps trois mouvements, la paille était filée,

et aussitôt transformée en or. Le lendemain matin, toute la paille était en or. Le nain disparut discrètement, comme il était venu, et la jeune fille resta près de l'or toute contente.

Au lever du soleil, le roi vint ouvrir la porte et, quand il vit tout cet or, il fut tellement étonné qu'il ne pouvait en croire ses yeux. Mais le roi n'est qu'un être humain, qui n'est jamais satisfait de ce qu'il a. Il fit amener la fille du meunier dans une autre pièce, également remplie de paille. Cette pièce était cependant beaucoup plus grande que la première. Le roi lui ordonna de filer toute la paille en or pour le lendemain matin, si elle tenait à la vie. Quand la jeune fille fut seule, elle recommença à pleurer, maudit la vantardise de son père et toute la misère qu'elle occasionnait. Cette fois encore, la porte s'ouvrit et le nain avec les cheveux d'un rouge flamboyant et les yeux rusés entra dans la pièce. Il lui demanda:

«Que me donneras-tu pour filer toute cette paille?»

«La bague que je porte au doigt.»

Et un, deux, trois, les bobines se remplissaient et au matin toute la paille était filée et transformée en or.

Le roi vint de nouveau dans la

chambre au lever du jour et ne savait retenir sa joie à la vue de tout cet or. Il était pris de la fièvre de l'or, et plus il en avait, plus il voulait en avoir. Il fit venir la fille du meunier dans une pièce encore beaucoup plus grande et lui dit:

«Tu dois filer cette paille cette nuit. Si tu y réussis, tu ne devras plus jamais toucher de fuseau de ta vie, car tu deviendras ma femme et tu seras reine. Si tu ne réussis pas, alors ta vie et celle de ton père sont perdues.»

Le roi se dit en lui-même: «Même si ce n'est qu'une fille de meunier, elle est très belle et je ne trouverai pas de femme plus riche dans le monde entier.»

Quand la jeune fille fut seule, le nain entra pour la troisième fois et demanda:

«Que me donneras-tu pour filer cette paille en or?»

La jeune fille ne savait que répondre, car elle avait déjà donné tout ce qu'elle possédait.

«Je n'ai plus rien à donner», répondit-elle.

«Eh bien, quand tu seras reine, tu me donneras ton premier enfant», lui dit le nain et il regarda la jeune fille de ses yeux malins.

«Qui sait ce qui va encore se passer?» se dit-elle, et dans son malheur elle promit au nain ce qu'il voulait.

En échange, il fila toute la paille en or. Toute la pièce resplendissait de l'éclat de l'or.

Quand le roi se présenta le matin suivant et qu'il trouva toute la paille transformée en or, il épousa la fille du meunier et en fit la reine de son royaume. Après un an, la jeune reine mit un enfant au monde, et elle ne pensait plus du tout au nain. Mais lui n'avait pas oublié la promesse qu'elle lui avait faite cette nuit-là.

Et, un jour que la reine était assise à côté du berceau de son enfant et lui chantait une berceuse, la porte s'ouvrit tout doucement, aussi lentement qu'elle s'était ouverte dans la pièce où

se trouvait la paille.

«Maintenant tu dois me donner ce que tu m'as promis», dit le nain à la jeune reine.

Celle-ci, fort effrayée, lui offrit tous les trésors du royaume pour pouvoir garder son enfant. Mais le nain ne revint pas sur sa décision:

«Un enfant de roi vivant m'est plus précieux que tous les trésors du royaume.»

La reine se mit alors à pleurer et à geindre tellement fort que le petit nain eut pitié d'elle.

«Je vais t'accorder trois jours», dit-il. «Si après ces trois jours tu arrives à trouver mon nom, tu peux garder l'enfant. Sinon, tu devras me le remettre, car je t'ai aidée et tu as fait cette promesse en ton âme et conscience. Une reine doit tenir les promesses qu'elle a faites quand elle était fille de meunier, même si c'est très dur pour elle.»

Et le petit homme disparut. La reine pensa à tous les noms qu'elle avait déjà entendus. Elle envoya des messagers dans tout le royaume pour trouver tous les noms qui existaient. Lorsque le petit nain réapparut le lendemain, elle les dit tous en commençant par Gaspard, Melchior, Balthazar, et elle continua jusqu'à ce qu'elle eût cité tous les noms qu'elle connaissait. Mais à chaque nom, le nain secouait la tête, clignait malicieusement de l'œil et s'écriait:

«Ce n'est pas ça du tout!»

Le deuxième jour, la reine demanda qu'on s'informe partout dans les environs des surnoms qu'on donnait aux gens et elle dit les noms les plus bizarres et les plus fous au petit nain:

«T'appelles-tu Minette, Grosbras?»

Le petit homme se mit à rire de plus belle en secouant sa grande tête aux cheveux flamboyants et répétait à

chaque fois: «Non, ce n'est pas ça du tout!»

Le reine était de plus en plus troublée, et citait les noms les plus étranges qui existent.

Le troisième jour, un des messagers revint et lui dit:

«Je n'ai pas pu trouver de nouveaux noms, mais sur le chemin du retour, alors que je longeais un bois au pied

de la montagne, là où les lièvres et les renards se souhaitent bonne nuit, j'ai vu une maisonnette très loin dans la forêt. Devant cette maisonnette brûlait un feu et autour de ce feu un petit homme ridicule était en train de danser; il avait des cheveux flamboyants, qui sortaient d'un bonnet pointu, orné d'une belle plume. Ce petit bonhomme bizarre sautait d'une jambe sur l'autre et chantait:

«Aujourd'hui, je cuis du pain, demain je bois du vin, et après-demain le fils du roi sera mien! Ah! quelle chance que personne ne sache que je suis le nain Turlupin!»

Vous pouvez bien vous imaginer que la reine fut bien contente quand elle entendit cela. Ce soir-là, le petit nain entra dans sa chambre et dit légèrement moqueur:

«Et alors, madame la reine, c'est aujourd'hui le troisième jour, avez-vous trouvé mon nom?»

La reine prit une profonde inspiration et fit une courte prière en espérant que le nom que le messager avait entendu était le bon et dit:

«T'appelles-tu Conrad?»

«Non, pas du tout», grinça le petit homme, «ce n'est pas du tout comme cela que je m'appelle!»

«Alors peut-être Henri?» fit encore la reine.

«Non, ce n'est pas non plus Henri!» dit le nain avec un rire triomphant. «Tu ne devineras jamais mon nom. L'enfant m'appartient!»

Alors la reine dit très rapidement:

«Tu t'appelles peut-être Turlupin?»

Le petit homme devint blanc de rage et cria:

«C'est le diable qui t'a raconté cela! Et, dans sa colère, il tapa si fort du pied sur le sol que celui-ci s'effondra en son milieu. Alors il attrapa avec ses deux mains son autre pied et se déchira lui-même en deux morceaux. Là où il s'était trouvé, une grande flamme sortit du sol et, excepté un nuage jaune, il ne resta plus rien du petit bonhomme. La reine se sentit soulagée, comme si une pierre était tombée de son cœur; elle courut vers le berceau, câlina et embrassa son enfant, tant elle était contente de pouvoir le garder. Le serviteur qui lui avait dit le nom fut richement récompensé. À

l'endroit où se trouvait le vieux moulin, le long du ruisseau, se trouve maintenant une jolie maison où vivent le meunier et sa femme. Le meunier n'a pas encore perdu l'habitude de se vanter et raconte à tous ceux qui veulent l'entendre:

«Ma fille est reine, et ce grand bonheur, elle le doit uniquement à son père.»

Le roi croit toujours que sa femme peut fabriquer de l'or en filant la paille. Mais il ne lui a plus jamais demandé de le faire!

Le Vaillant Petit Tailleur

Un beau jour d'été, un petit tailleur était occupé à travailler à sa table devant la fenêtre. Il était de bonne humeur et était en train de coudre avec beaucoup d'entrain. Une fermière passa dans la rue en criant:

«Sirop à vendre, sirop à vendre!»

Le tailleur fut attiré; il passa la tête par la fenêtre et cria:

«Venez ici, vous pourrez en vendre un peu!»

La femme monta les trois marches avec son lourd panier, et dut ouvrir tous les pots pour le tailleur.

Finalement il en choisit un.

«Celui-là m'a l'air d'être le meilleur», dit-il. «Donnez-m'en un quart de litre, ma bonne dame, et si c'est un peu plus, cela ne fait rien.»

La femme, qui avait espéré faire de bonnes affaires, lui donna ce qu'il avait demandé et partit de méchante humeur.

«Eh bien! ce sirop va me faire du bien, se dit le petit tailleur, il me donnera certainement de la force et du courage.»

Il prit le pain sur la planche, s'en coupa une épaisse tranche et la recouvrit d'une bonne couche de sirop. «Voilà, je vais me régaler», dit-il, «mais je vais d'abord terminer la veste à laquelle je suis occupé.»

Il déposa la tartine à côté de lui, et de plaisir se mit à faire des points de plus en plus grands. Pendant ce temps l'odeur du sirop s'était répandue dans la pièce et elle avait attiré les mouches, qui bien vite vinrent se déposer très nombreuses dessus.

«Mais qui vous a invitées?» demanda le petit tailleur en chassant les indésirables.

Les mouches ne se laissèrent pas décourager pour si peu, et continuèrent à venir. Le petit tailleur finit par

se fâcher, prit un drap et frappa sans pitié sur les voleuses. Lorsqu'il retira le drap, pas moins de sept mouches gisaient mortes devant lui.

«Est-ce moi qui ai réussi cela?» se dit le petit tailleur en lui-même, admirant sa propre témérité. «Il faut que je mette toute la ville au courant. Que dis-je? Le monde entier doit l'entendre!»

Son cœur se mit à battre plus vite d'excitation. Rapidement, il se fabriqua une grande ceinture, sur laquelle il inscrivit en lettres énormes: «7 d'un coup!».

Puis il mit la ceinture autour de sa taille et voulut partir dans le monde, car il trouvait que la ville était trop petite pour son courage. Avant de partir il chercha dans sa maison quelque chose qu'il aimerait emporter. La seule chose qu'il trouva, c'était un petit fromage qu'il fourra dans sa poche. Près de la porte de la ville, il découvrit un oiseau qui s'était coincé dans les fourrés, et qu'il mit avec le fromage dans sa poche. Sa route le mena à une montagne. Sur le sommet le plus élevé vivait un géant.

Le petit tailleur marcha calmement à

sa rencontre et lui dit:

«Bonjour, camarade, tu es assis là en haut sans rien faire, tu observes le monde. Moi, je viens de partir dans le monde pour voir si mon courage peut être mis à l'épreuve. As-tu envie de venir avec moi?»

Le géant regarda le petit tailleur avec mépris et dit:

«Toi, malotru! Toi, petit minus!»

«Attends un peu!» répondit le petit tailleur. Il ouvrit sa veste et montra sa ceinture: «Tu peux lire quel homme je suis.»

Le géant lut: «7 d'un coup!» et il crut que le petit tailleur avait abattu sept personnes d'un seul coup. Il voulut d'abord le mettre à l'épreuve. Il prit une pierre et la pressa tellement fort qu'il en sortit de l'eau.

«Cela, tu ne sauras pas le faire», dit le géant, «si fort que tu puisses être.»

«Rien que ça?» demanda le petit tailleur. «C'est pourtant un jeu d'enfant.»

Il sortit le fromage mou de sa poche, et le pressa tellement fort que le jus en sortit. Le géant ne savait plus que dire, et n'en croyait pas ses yeux. Alors il prit une pierre et la jeta tellement haut en l'air qu'on pouvait à peine encore la voir.

«Essaye de faire la même chose, petit bonhomme!»

«Beau lancer», pensa le petit tailleur, «mais cette pierre est quand même retombée. Je vais en jeter une qui ne retombera jamais.» Il sortit l'oiseau de sa poche et le lança en l'air. L'oiseau tout heureux de retrouver la liberté s'envola pour ne plus jamais revenir.

«Qu'en penses-tu, mon ami?» demanda le héros au géant.

«Il est vrai que tu sais lancer», admit l'autre, «mais maintenant on va voir si tu sais aussi porter.» Il passa devant le tailleur et se dirigea vers un immense chêne, couché sur le sol. «Si tu es tellement fort, aide-moi alors à sortir ce chêne de la forêt.»

«Avec plaisir», répondit le petit tailleur, «tu prends le tronc, moi, je prends la couronne; c'est la partie la plus lourde.»

Le géant déposa le tronc sur son épaule et le petit tailleur alla s'asseoir sur une branche. Comme le géant ne pouvait pas se retourner, il ne voyait pas que c'était lui qui portait tout l'arbre ainsi que le petit tailleur, en plus. Ce dernier était assis confortablement sur une branche, laissant pendre ses jambes, sifflotant un air joyeux, comme si le fait de porter un arbre était en fait un jeu d'enfant. Au bout d'un moment le géant n'en pouvait plus et il cria:

«Attention, je vais laisser tomber l'arbre.»
Le petit tailleur sauta lestement sur le sol et prit l'arbre à deux mains, de sorte qu'on pouvait croire qu'il l'avait

porté. Il cria en se moquant:

«Eh bien, toi qui es si grand et fort, tu ne sais même pas porter un arbre!»

Le géant regarda le petit tailleur d'un air étonné et dit:

«Puisque tu es si fort, tu peux dormir avec nous dans la grotte.»

Le petit tailleur le suivit, vit encore beaucoup d'autres géants assis autour d'un grand feu, et chacun d'entre eux tenait dans la main un mouton rôti qu'il était en train de manger. Le géant laissa le petit tailleur choisir son lit et lui conseilla de bien dormir. Le lit était beaucoup trop grand et il dut se mettre dans un coin. Peu après minuit, le géant crut que le petit tailleur était profondément endormi, alors il prit une grande tige en fer et cassa d'un coup le lit en deux. Il pensa avoir assené un coup fatal au petit bonhomme.

Le petit tailleur continua pourtant sa route. Après une longue marche, il arriva dans le jardin d'un palais royal et, comme il était très fatigué, il se laissa tomber dans l'herbe et fut vite parti au pays des rêves. Pendant qu'il dormait là, des gens vinrent à passer et lurent sur sa ceinture: «7 d'un coup!»

«Oh!», se dirent-ils, «cela doit être un fameux type!» Et ils allèrent raconter au roi ce qu'il y avait d'écrit sur la ceinture du dormeur, en se disant qu'en temps de guerre une personne comme cela était d'une valeur inestimable.

Le roi était aussi de cet avis et envoya ses courtisans inviter le tailleur à faire partie de son armée. Le délégué vint lui faire l'offre.

«Mais c'est spécialement pour cela que je suis venu», répondit le petit tailleur. «Je suis prêt à entrer au service du roi.»

Il fut reçu avec beaucoup d'honneurs à la cour du roi. Les vieux guerriers du roi n'aimaient pas du tout le tailleur, et auraient bien voulu qu'il ne soit jamais venu.

«Si nous devons nous battre contre lui, il en tombera chaque fois sept», se dirent-ils les uns aux autres.

Ils se rendirent donc tous chez le roi pour lui présenter leur démission. Le roi trouva très triste de devoir perdre ses fidèles serviteurs et lui aussi se mit à souhaiter que le tailleur ne fût jamais venu. Mais il n'osait pas le renvoyer, car, avec sa force extraordinaire, il aurait bien été capable de le chasser du trône et de monter dessus. Finalement le roi trouva une solution. Il fit venir le petit tailleur et lui raconta ce qui suit: dans un des bois du royaume vivaient deux géants, qui causaient beaucoup de dégâts en pillant et brûlant tout sur leur passage. Personne ne pouvait les approcher sans mettre ses jours en danger. S'il pouvait battre ces deux géants, il recevrait la fille du roi en mariage ainsi que la moitié du royaume. Une centaine de cavaliers partiraient avec lui pour l'assister.

«En voilà une histoire», pensa le petit tailleur. «Une belle princesse et un demi-royaume, cela ne se présente pas tous les jours.»

Le petit tailleur partit et les cent cavaliers le suivaient. Lorsqu'ils s'approchèrent du bois, il leur dit:

«Restez ici, je vais aller me mesurer seul à ces deux géants.»

Il entra alors dans le bois et regarda autour de lui. Après un moment, il aperçut les géants: ils étaient couchés en dessous d'un arbre en train de dormir. Ils ronflaient tellement fort que les branches de l'arbre craquaient au-dessus de leurs têtes. Le petit tailleur remplit ses poches avec des pierres et grimpa dans l'arbre. Quand il fut à mi-chemin, il se laissa glisser le long d'une branche jusque tout près des dormeurs. Puis il laissa tomber les pierres une à une sur la poitrine de l'un des

géants. Il fallut longtemps pour que le géant le remarque, mais finalement il s'assit et interpella son camarade:

«Pourquoi me frappes-tu?»

«Tu rêves», dit l'autre, «je ne te frappe pas.» Et ils se rendormirent.

Ensuite le petit tailleur fit tomber les pierres sur l'autre géant.

«Que se passe-t-il?» cria ce dernier. «Pourquoi fais-tu cela?»

«Je ne fais rien», répondit l'autre géant en grommelant.

Ils rouspétèrent encore un peu, mais, comme ils étaient fatigués, ils se rendormirent. Le petit tailleur choisit la plus grande pierre, et la jeta avec force sur le premier géant.

«C'est trop fort!» hurla celui-ci, fâché, en se levant, et il lança son compagnon contre l'arbre. L'autre lui rendit son coup; ils étaient si fâchés qu'ils se mirent à se battre avec des arbres arrachés, jusqu'à ce qu'ils tombent morts tous les deux.

Alors le petit tailleur descendit de son arbre, tira son épée, donna quelques grands coups d'épée dans les deux géants et revint chez les cavaliers. Il leur dit:

«Le travail est fait, ils sont battus tous les deux. Ils ont eu tellement peur qu'ils ont arraché des arbres, mais cela ne suffit pas contre quelqu'un qui en bat sept d'un coup.»

Les cavaliers ne voulaient pas le croire et coururent dans le bois. Ils y trouvèrent les deux géants entourés d'arbres arrachés. Le petit tailleur demanda sa récompense au roi. Ce dernier ne tint pas sa promesse, et réfléchit à un autre moyen de se débarrasser de ce héros.

«Avant de recevoir ma fille et la moitié de mon royaume», dit-il, «tu dois encore réussir un exploit. Une licorne court en liberté dans une autre forêt, elle cause beaucoup de dégâts et il faut que tu l'attrapes.»

«J'ai moins peur d'une licorne que de deux géants. Sept d'un coup, c'est ma devise.»

Il prit donc une hache et un nœud cou-

lant, et partit dans le bois. Il fit de nouveau attendre les autres à l'entrée du bois. Il ne dut pas attendre longtemps avant que la licorne ne se précipite sur lui avec une telle vitesse qu'on aurait cru qu'elle voulait le transpercer. Il attendit jusqu'à ce qu'elle soit tout près de lui. À ce moment il sauta agilement derrière un arbre. La licorne courait si vite qu'elle heurta violemment le tronc avec sa corne; elle ne savait plus se détacher.

«Voilà, je t'ai prise», dit le tailleur.

Il sortit de derrière l'arbre, noua le nœud coulant à son cou, coupa la corne avec la hache et ramena l'animal chez le roi. Le roi ne voulut toujours pas tenir sa promesse et lui donna une troisième mission. Le tailleur devait attraper un sanglier sauvage qui causait des dégâts dans une autre forêt. Les chasseurs allaient l'aider dans cette mission.

«Très volontiers», fit le petit tailleur, «c'est un jeu d'enfant.»

Il n'emmena pas les chasseurs dans la forêt. Quand le sanglier aperçut notre héros, il voulut immédiatement le renverser avec ses défenses acérées. Le tailleur entra dans une petite chapelle qui se trouvait dans les environs et ressortit aussitôt par la fenêtre. Le sanglier s'était aussi engouffré à l'intérieur. Le petit tailleur fit immédiatement le tour, ferma la porte, et l'animal furieux se retrouva enfermé. Alors il appela les chasseurs pour venir voir le prisonnier. Notre héros se rendit alors chez le roi qui dut cette fois, malgré ses réticences, tenir sa promesse. S'il avait su qu'il allait avoir un tailleur comme beau-fils, il aurait encore été plus fâché. Le mariage fut célébré avec beaucoup de faste mais

peu de joie. C'est ainsi que le petit tailleur devint roi.

Quelque temps plus tard, la jeune reine entendit le tailleur qui disait dans son rêve:

«Garçons, raccourcissez immédiatement cette veste et veillez à ce que ce pantalon soit prêt, sinon je vous corrigerai.»

Elle sut alors ce qu'il était en réalité. Le jour suivant, elle supplia son père de pouvoir quitter son mari, qui n'était rien d'autre qu'un simple tailleur. Le roi la consola et lui dit:

«Laisse la porte de ta chambre à coucher ouverte cette nuit. Quand il sera endormi, mes serviteurs viendront s'en emparer, ils le ligoteront et le mettront sur un navire qui partira loin.»

Mais le garde du corps du jeune roi entendit ce plan et, comme il aimait bien son maître, il lui raconta ce que le roi avait l'intention de faire.

«Je vais lui donner une petite leçon», dit le tailleur.

Ce soir-là, il se mit au lit à l'heure habituelle. Lorsque la jeune reine crut qu'il dormait, elle se leva et ouvrit un petit peu la porte. Le petit tailleur avait seulement fait semblant de dormir et il cria d'une voix claire:

«Garçons, raccourcissez immédiatement cette veste et veillez à ce que ce pantalon soit prêt, sinon je vous corrigerai. J'en ai tué sept d'un coup, tué deux géants, capturé une licorne et un sanglier. Est-ce que je vais avoir peur des gens qui se trouvent derrière ma

porte?»

Quand les serviteurs entendirent ces paroles, ils furent épouvantés et personne n'osa remplir la mission. C'est ainsi que le petit tailleur resta roi toute sa vie.